Münsterschwarzacher Kleinschriften

herausgegeben
von den Mönchen der Abtei Münsterschwarzach

Band 129

W0062911

Guido Kreppold

Esoterik

Die vergessene Herausforderung

Vier-Türme-Verlag

Die Deutsche Bibliothek – CIP-Einheitsaufnahme
Ein Titeldatensatz für diese Publikation ist bei
Der Deutschen Bibliothek erhältlich.

1. Auflage 2001
© Vier-Türme GmbH, Verlag Münsterschwarzach
Umschlaggestaltung: Morian & Bayer-Eynck, Coesfeld
Umschlagmotiv: Morian & Bayer-Eynck, Coesfeld
Gesamtherstellung: Benedict Press, Münsterschwarzach
ISBN 3-87868-629-3
ISSN 0171-6360

Inhalt

I. Esoterik:
Eine Niederlage für die Aufklärung

Die neue Walpurgisnacht

»Ihr seid noch immer da! Nein, das ist unerhört!
Verschwindet doch! Wir haben ja aufgeklärt!
Das Teufelspack, es fragt nach keiner Regel.
Wir sind so klug! Und dennoch spukt's in Tegel.«[1]

Mit diesen Worten werden in der Walpurgisnacht auf dem Blocksberg in Goethes »Faust« die Hexen, Geister und Fantasiefiguren beschworen. Dasselbe könnten alle, die dem modernen aufgeklärten Weltbild verpflichtet sind, sagen, wenn sie die esoterische Szene betrachten.

Die allgemeine Ratlosigkeit, Verlegenheit und Ohnmacht diesem Phänomen gegenüber könnte nicht besser zum Ausdruck kommen. Es sind nicht nur einzelne Sünden gegen die Dogmen der Wissenschaft und der intellektuellen Redlichkeit. Es ist, als ob Walpurgisnacht wäre.

Wer hätte noch vor dreißig Jahren, als man allem Vorwissenschaftlichen, Unaufgeklärten den gnadenlosen Kampf angesagt hatte, geglaubt, daß auf breiter Ebene alle Erscheinungen und Auswüchse eines als überwunden geltenden Weltbildes zurückkehren würden?

Da findet man in angesehenen Zeitschriften Kleinanzeigen von Magiern und Magierinnen, welche »100% stärkste Magie«, Energieübertragung, Partnerzusammenführung und Partnertrennung versprechen. Ebenso kann man sich durch Kartenlegen, Astrologie und Zukunftsprognosen Lebensberatung und Hilfe holen. Selbst den Schutzengel kann man über Telefon erreichen. Es gibt noch viele andere Beispiele aus der Szene, die heute »Esoterik« genannt wird. Um nur eines anzuführen:

Eine Frau um die fünfzig berichtet, sie könne ihre Einsamkeit nicht mehr aushalten. Wenn sie allein sei, habe sie maßlose Ängste, oft panische Zustände; sie könne nicht mehr schlafen. Sie habe sich bei einer Schamanin einer Zeremonie unterzogen. Diese sei schwitzend auf ihr gekniet und habe, wie sie sagte, »das Schwein aus der Leber vertrieben«. Daraufhin habe sich ihr Zustand gebessert. Ihre Freundin erzählt allerdings, die Frau habe als Angestellte einer Dienststelle der Stadt im Anschluß daran völlig überzogene Aufträge erteilt, um ein Stadtfest zu organisieren. Hubschrauber sollten einfliegen, um Botschaften aus anderen Ländern zu bringen. Es wurde offenkundig, daß die Person an einer Psychose litt. Sie mußte in eine Klinik eingewiesen werden.

Wie leicht doch manche Menschen dem Aberglauben zum Opfer fallen – so werden viele auf Anhieb sagen.

Die Faszination des Geheimnisvollen

Der Begriff »Esoterik« erweckt bei den Interessierten das Gefühl von etwas Geheimnisvollem, von etwas, das einen der Langeweile und Öde des Alltags entreißt, das Faszination ausübt und in den Bann schlägt. Uralte Namen wie heiliger Gral, Kabbala, Alchemie, Rosenkreuzer tauchen plötzlich wieder auf.

Wegen der verwirrenden Fülle von Literatur, von Angeboten auf dem Gebiet der Selbsterfahrung, Therapie und Lebenshilfe tut man sich schwer, eine genauere Definition von Esoterik zu finden. Sie fällt nach dem Standpunkt des Betrachters aus, – je nachdem, ob er auf der Seite des streng rationalen Weltbildes steht, oder ob er selbst zur Esoterik tendiert.

Zunächst zur Herkunft des Wortes: Es kommt vom griechischen »eso« – innen, im Gegensatz zu »exo« – außen. Esoterik bedeutet also: dem Innen, dem inneren Erleben, der Innenseite des Daseins und dem Innenkreis einer Gruppe zugewandt, während exoterisch dem Äußeren verpflichtet ist, d. h. einer Einstellung, welche die Dinge nur von außen sieht. Dies ist der Standpunkt der modernen Wissenschaft, welche esoterische Erzeugnisse und Vorgehensweisen unter dem Aspekt der Rationalität betrachtet und die Frage stellt, ob die Ergebnisse einer Voraussage oder einer Behandlung oder die Aussagen über Vorgänge in der Welt nach objektiven Maßstäben nachgewiesen werden können. Bei Esoterik handelt es sich aus dieser

Sicht um ein Sonderwissen, das durch »höhere Erkenntnis, Intuition, Meditation« gewonnen wird, aber den Kriterien der Rationalität nicht standhält.[2]

Laut New-Age Wörterbuch kann »Esoterik weder gelehrt noch gelernt, sondern allein erlebt und gelebt werden. Deshalb verbindet jede esoterische Tradition neben den auch Nicht-Initiierten zugänglichen Schriften eine Reihe von Übungen, Prüfungen und Lebensweisen, Meditation und Riten, die gerade im rechten Handeln den Gehalt des esoterischen Systems erfahrbar und verstehbar machen.«[3] Nicht um Lehrinhalte geht es, sondern um eine *Innenerfahrung* des Daseins, deren Niederschlag und Anleitung, um Zugang zu den Geheimnissen des Lebens. In diesem Sinn ist Esoterik keine genau abgegrenzte Lehre, eher eine Hinführung zu neuen, ungewohnten Erfahrungen. Man sucht *Antworten auf Lebensfragen.*

Esoterik kann nur verstehen, wer sich auf eine Innenschau der Wirklichkeit, der eigenen Existenz und des Kosmos einläßt. Es geht nicht ohne eigene, innere Beteiligung.

Der Besucher einer Buchhandlung findet unter der Abteilung Esoterik einerseits viele Titel, die schon von weitem den Verdacht des Unseriösen auslösen – etwa leicht praktizierbare Anleitungen zur Magie. Andererseits findet man dort durchaus ernstzunehmende Darstellungen von nicht-christlichen Religionen und philosophischen Denkweisen außerhalb der geistigen Welt Europas wie der Hochkulturen Asiens und der Naturvölker Amerikas und Afrikas. Die Veröffentlichungen über europäische Esoterik reichen von der Gnosis des Altertums über mittelalterliche Alchemie, Rosenkreuzertum, Freimaurerei bis zur Theosophie und Anthroposophie der Neuzeit.

Carl Gustav Jung spricht von den Unterströmungen der christlichen Tradition. Sie waren der Gegenpol zur offiziellen kirchlichen Lehre und als solche konnten sie im Mittelalter nur geheim weitergegeben werden. Gerade das Verbotene weckt die Neugier und wird gern zum Mythos hochstilisiert. Man kann auf die Meinung treffen, daß die eigentliche Lehre Jesu – was er wirklich sagte – von der Kirche bis heute unterdrückt worden und erst durch die Qumran-Funde ans Licht gekommen sei.

Das Wort »Gnosis« ist ein Schlüssel für viele Erscheinungen unserer Zeit, besonders für solche, mit denen sich die Leitung der Kirche schwer tut.

»Gnosis« wird gewöhnlich mit »Erkenntnis« übersetzt, eher trifft »Erfahrung« zu. Im Altertum war es eine philosophisch-religiöse Bewegung, deren Wurzeln auf Plato zurückgehen. Sie griff auch in den christlichen Raum über und wurde von den christlichen Theologen – den Kirchenvätern – heftig bekämpft. Es gab zwar auch eine christliche Gnosis, deren Hauptsitz in der Hafenstadt Alexandria in Ägypten lag, doch der umstrittene Punkt war, daß die Anhänger der Gnosis ihre eigene Erfahrung über die Hl. Schrift stellten. Vieles von dem, was sich heute an esoterischer Literatur findet, könnte man als »Gnosis«

bezeichnen: Die eigene Erfahrung ist alles. Die Bibel gilt nicht, wie in der offiziellen Lehre als verbindliche Norm.

Die Religion der Intellektuellen

Das Interesse hierfür und der zunehmende Einfluß dieser neuen Weltsicht und Lebensimpulse darf in der modernen Industriegesellschaft nicht unterschätzt werden. Das fast beängstigende Anwachsen der Literatur auf diesem Gebiet zeugt davon. Während kirchlich orientierte Verlage um das Überleben ringen oder bereits schließen mußten, erleben Verlage und Läden mit esoterischem Angebot einen gewaltigen Aufschwung. Selbst traditionell christlich ausgerichtete Buchhandlungen bieten eine Fülle von Titeln an: über Buddhismus, Hinduismus, Taoismus, Naturreligionen, indianische Kulte, Weisheiten und Weissagungen, über Astrologie, Magie und alternative Heilmethoden bis hin zu ungewohnten Anregungen zu Gesundheit, Lebenshilfe und Selbstverwirklichung. Wir können vor der Tatsache nicht mehr die Augen verschließen, daß hier mächtige Lebensimpulse am Werk sind und daß gegen sie keine noch so begründeten Argumente etwas ausrichten. Hilfreicher ist die Unterscheidung zwischen den Inhalten und der psychischen Dynamik der esoterischen Bewegung.

Auf dem Buchmarkt scheint die Esoterik den theologischen Bereich überflügelt zu haben. Man schätzt, daß es ungefähr ebenso viele an Esoterik Interessierte gibt wie in den Kirchen noch praktizierende Christen. Vom Bildungsstand her sind es nicht, wie man vielleicht vermuten könnte, Unbedarfte, denen es möglicherweise an der Fähigkeit zu kritischem Denken fehlt. Nach Untersuchungen des Züricher Soziologen Gerhard Schmidtchen verhält es sich eher umgekehrt:

Mit dem Grad der Schulbildung wächst das Interesse für Psychomarkt und Esoterik.[4]

Hier tut sich eine widersprüchliche Situation auf, die alle ratlos macht, die dem logischen Denken und dem streng wissenschaftlichen Weltbild verpflichtet sind. Während man wegen der intellektuellen Redlichkeit – wie man glaubt – die Bibel zu entmythologisieren versucht und sie von Wundern, Engeln und Teufeln reinigt, sitzen die »aufgeklärten« Schüler, Studenten oder Leute aus akademischen Berufen – für die man es eigentlich tut – beim Tischchenrücken zusammen, befragen das I-Ging, pendeln die Speisen nach Verträglichkeit aus, interessieren sich für das Tibetanische Totenbuch, für indianische Selbsterfahrung nach Carlos Castaneda, für Zen- und Yogakurse, für Qui-Gong und Tai-Tschi und andere Arten der östlichen Selbsterfahrung. In manchen Kreisen ist es schon selbstverständlich, nach Indien, Nepal, Thailand und Japan zu fahren, um Religion in Reinkultur zu erleben und sogar die Erleuchtung zu erlangen. In Indien soll es etwa 2–3 Millionen Europäer geben, die auf der Suche nach spirituellen Wegen der Faszination einer fremden Kultur erlegen sind. Die Frage ist, ob man ohne Schaden zu nehmen, als Europäer Inder werden kann; ob man am Ende weder das eine noch das andere, sondern entwurzelt und heimatlos geworden ist. Es handelt sich um eine Entwicklung, vor der gerade (asiatische) Zenmeister warnen.

Am bekanntesten ist die Gruppe um den inzwischen verstorbenen indischen Guru Rajneesh Chandra Mohan, von seinen Anhängern Bhagwan Shree Rajneesh, zuletzt Osho genannt. Er lockte in den siebziger und achtziger Jahren gerade akademisch Gebildete zu seinem Ashram nach Poona in Indien. Tatsächlich haben mehr als 50% der Sanyasin, wie sich seine Jünger nennen, einen Hochschulabschluß oder zumindest Abitur. Dabei fällt das Urteil über die esoterische Szene nach den Kriterien des wissenschaftlichen Denkens, in dem sie jahrelang geschult wurden, durchaus negativ aus. Das bedeutet: es ist so gut wie nichts zu halten von Heilmethoden archaischer Kulturen, von Medizinmännern, von Reiki, Kinesiologie, Rebirthing, Reinkarnationstherapie und vielen anderen; genau so wenig von Zukunftsprognosen durch Tarot oder Astrologie. Noch geringer sind die Künste der Magier(innen) einzuschätzen, die vorgeben, durch bestimmte Riten das Schicksal von Mensch und Natur beeinflussen zu können.

Nach den Maßstäben der empirischen Wissenschaften, die einen exakten Wirkungsnachweis einfordern, ist der ganze esoterische Aufwand somit nichts als eine Fiktion. Wer sich darauf einläßt, verstößt gegen die intellektuelle Redlichkeit.

Man meint, die einzig richtige Antwort auf die seltsamen und verwirrenden Erscheinungen der sogenannten Postmoderne könne deshalb nur Aufklärung sein – nämlich: die Öffentlichkeit mit aller Entschiedenheit und Eindeutigkeit auf die Unhaltbarkeit der Theorien wie auf die Wirkungslosigkeit esoterischer Praktiken hinzuweisen.

Aber wird man damit der geistigen Bewegung, die in jüngster Zeit die Buchhandlungen und das Denken Ungezählter überschwemmt, gerecht? Wer alle Entwürfe für Lebenshilfe, Heilung und religiöse Praxis, die nicht in den aufgeklärten, rationalen Rahmen der modernen Wissenschaft und der herkömmlichen Theologie passen für nichts als Aberglaube hält, entzieht sich der Mühe der ernsthaften Auseinandersetzung. Er muß dann allerdings damit rechnen, jeglichen Einfluß auf Menschen zu verlieren, denen Ansätze aus der Esoterik einiges für ihr Leben bedeuten.

Es muß die Frage erlaubt sein: Was ist los mit unserem Bildungssystem, wenn sich junge Leute und Erwachsene in der Lebensmitte nach 20 bzw. 25 Jahren der Schulung im kritischen Denken einer völlig irrationalen Reglementierung und Ritualisierung bis hin zur Aufgabe ihrer Identität ausliefern? Welches Grundbedürfnis, welche Sehnsucht und welche Werte wurden bisher übergangen und ausgeklammert? Gerhard Schmidtchen gibt dafür folgende Erklärung: »Mit der höheren Bildung wird auch höhere existentielle *Unsicherheit* erworben.« Das erwachte eigene Denken stellt Autoritäten wie Kirche und Staat, nicht zuletzt die gesamte Tradition mit ihren verpflichtenden Vorgegebenheiten und Ansprüchen in Frage. Damit schwinden moralische Gewißheiten, z. B. Glaubenssysteme, die zwar einschränken, aber auch Halt und Richtung bieten. In den Seelen der jungen Menschen entsteht eine Leerstelle, die mit Nicht-Rationalem, mit außergewöhnlichem und tieferem Erleben, mit Wert-Orientierung, mit Religiösem gefüllt werden will. Der Schüler muß immer mehr Dinge lernen, die zu ihm selbst in keiner Beziehung stehen. Es führt dazu, daß er sich selbst nicht mehr spürt und zu seiner eigenen Wahrheit und seinem Wesen keinen Zugang findet. Mit Recht darf man von einer *Verengung* des *Bewußtseins* sprechen, wenn Intuition, Inspiration, Gefühle, Ergriffensein vom Transzendenten unbekannt sind. Die Beschränkung der Bildungskultur auf Willen und logisches Denken läßt das Leben veröden und nimmt ihm den tragenden Sinn.

Die fremden Mächte

Wer sich im Bereich Esoterik engagiert, bei dem darf man eine *existentielle* Not und Suche vermuten. Im Grunde braucht jeder etwas, das größer ist als er selbst. Wer nicht mehr in die Tradition, die diese Funktion bisher hatte, eingebettet ist, wer entweder durch Entwicklung oder eine Krise den Anschluß verloren oder ihn nie gefunden hat, fühlt sich wehrlos und wie nackt unbekannten Kräften ausgeliefert. In der Zeit der achtundsechziger Jahre sah man diese in den gesellschaftlichen und politischen Verhältnissen, schob ihnen die Schuld am eigenen Unglück zu und sagte ihnen den unerbittlichen Kampf an. Heute spricht man in der Esoterik-Szene von kosmischen Kräften, von guten und bösen Geistern, Engeln und Dämonen.

Eine streng wissenschaftliche Sicht, welche außersinnliche Mächte und Gewalten in das Reich der Fantasie verweist, geht am eigentlichen Problem vorbei. Die Frage, ob das, was in esoterischen Zirkeln passiert, einer wissenschaftlichen Prüfung standhält, hilft nur bedingt. Es steht vielmehr die Tatsache im Mittelpunkt, daß sich der moderne Mensch im Grunde seiner Existenz Verunsicherungen ausgesetzt fühlt, die ihm die Wissenschaft nicht abnehmen kann. Oft ist es tatsächlich bloß Einbildung, die ihn nicht mehr zur Ruhe kommen läßt. Aber selbst reine Fiktionen können gewaltige Wirkungen auslösen. Was ist zum Beispiel, wenn ein Mensch von der Vorstellung gequält wird, er habe Krebs, obwohl alle Untersuchungen dagegen sprechen? Im Mittelalter hätte er sich als »verhext« betrachtet. Man mag die Vorstellung von Hexen und Dämonen weit von sich weisen und alle einsichtigen Argumente dagegen anführen; damit ist noch lange nicht die quälende Vorstellung beseitigt, es könnte doch sein.

Damit soll noch einmal gesagt sein: Man muß klar unterscheiden zwischen dem Inhalt einer Vorstellung und der inneren Verfassung eines

Menschen. Noch so logische Argumente können einen krankhaften seelischen Zustand nicht verändern. Das bedeutet aber, daß es so etwas wie eine Dynamik der unbewußten Seele gibt, welche eigenmächtig anderen Gesetzmäßigkeiten gehorcht.

So hat man mit großem Aufwand nachzuweisen versucht, daß die Vorstellung vom Teufel keine Grundlage in der Bibel hat. Aber es ist eine Illusion zu meinen, damit hätte man den Menschen die *Angst* genommen. Selbst wenn sie nicht mehr »Teufel« heißt, ist sie nicht geringer geworden. Sie hat andere Namen: Atombombe, Atomenergie, ökologische Katastrophe; vor allem ist es die Wissenschaft als solche, die zu fürchten ist; es ist gar nicht auszudenken, was geschieht, wenn alle Möglichkeiten, das Genom des Menschen zu verändern, ausgeschöpft werden und die Verfügung darüber in Hände gewissenloser Machthaber gelangt. Die Angst ist für viele ein ständiger Begleiter, welcher eine echte und tiefe Beziehung und menschliches Glück verhindert.

Nach wie vor ist der Mensch damit konfrontiert, daß fremde Mächte in sein Leben eingreifen und sein Schicksal wesentlich mitbestimmen, ganz gleich, ob sie »Dämonen« oder »Schutzgeister«, »Archetypen« oder die »Dynamik des Unbewußten« genannt werden. »Der Mensch ist nicht Herr in seinem eigenen Haus« war eine große Entdeckung Freuds – eigentlich nur Bestätigung dessen, was die Naturvölker und das »finstere« Mittelalter immer schon wußten. Die bloße Leugnung einer außersinnlichen Wirklichkeit bzw. alles »Jenseitigen« durch die sogenannte Aufklärung hebt die Wirksamkeit irrationaler psychischer Mächte nicht auf. Selbst wenn man einem Menschen die Ursachen und Zusammenhänge seiner Angst genauestens aufzeigen könnte, wäre er sie damit noch lange nicht los. Dies ist im Grunde die Wahrheit des Zitats aus Goethes Faust: »Ihr seid noch immer da!«

Wer sich im Kreis der Esoterik bewegt und deren Faszination erlegen ist, wird vom Urteil der modernen Wissenschaft nicht berührt. Er tritt zum Gegenangriff an und sagt: Euer Denken kommt aus einem Weltbild, das nur die Außenseite der Wirklichkeit umfaßt. Die *Innenseite* hingegen, damit ist die Beziehung der Menschen zu sich selbst, zueinander und zur Schöpfung, d. h. ihre Erlebniswelt gemeint, bleibt bei aller Aufklärung im Dunkeln. Noch nie haben die Menschen so viel Wissen über die Natur angehäuft und noch nie hatten sie so viele Machtmittel in ihren Händen, aber existentiellen Fragen nach dauerhaftem Glück, nach Erfüllung und Sinn des Lebens, nach Bewältigung des Leids, nach einer friedvollen Zukunft auf der Erde stehen sie ratlos gegenüber.

Weil bei diesen Fragen, die in Lebenskrisen oft bedrohliche Ausmaße annehmen, die rationale Bildungsstruktur versagt, ebenso eine rational verstandene Theologie, suchen Menschen in ihrer Verzweiflung nach Ansätzen, die außerhalb des Herkömmlichen liegen, ganz gleich aus welchem Kulturkreis diese kommen.

Westliche Geistesgeschichte:
Gewinn und Verlust

Es wurde schon gesagt, daß die Geistesgeschichte des Westens durchaus auch eine Innenseite kennt, die nach den Worten Jungs als Unterströmung, d. h. als eine nicht allgemeingültig anerkannte Richtung, die geistige Entwicklung Europas in den letzten 2000 Jahren begleitete. Die Hauptströmung war seit dem ausgehenden Altertum zweifellos das Christentum und seine offizielle Lehre. Die Kirche sah es nicht als ihre Aufgabe, die Menschen zur eigenen religiösen Erfahrung hinzuführen, sondern zum Glauben an die Offenbarung Gottes und zum Einhalten der Gebote. Mit dem Erwachen des Geistes im 12. und 13. Jahrhundert ergab sich die rationale Durchdringung der »geoffenbarten Wahrheiten«. Der Akzent wurde im Laufe der nächsten Jahrhunderte immer mehr auf das streng logische Denken und den Willen gesetzt. Die Entwicklung entfaltete schließlich eine Eigendynamik, in deren Verlauf kirchliches Lehramt und christliche Offenbarung ihre Bedeutung verloren. Das Ergebnis ist das Lebensgefühl des modernen Menschen, der stolz ist auf eigenständiges Denken, auf strenge Wissenschaftlichkeit, auf kritische Distanz gegenüber überlieferten Werten und religiösen Vorstellungen. Die immer breitere Ausprägung der Individualität führte zur Sensibilisierung für die Rechte des einzelnen und zur Formulierung der Menschenrechte. Sie sind ohne Zweifel das positive Ergebnis dieser Entwicklung und werden deshalb auch in außereuropäischen Ländern eingefordert. Im Bild gesprochen befindet sich die Menschheit hinsichtlich der Entfaltung des Rationalen auf ihrem Marsch durch die Jahrtausende auf dem Gipfel eines Berges.

Es wird aber immer offenkundiger, daß dieser Aufstieg mit großen Verlusten erkauft ist. Die Ausformung der Individualität, der Zuwachs an Freiheit für den einzelnen in einem nie gekannten Ausmaß ist zugleich mit unerträglicher Einsamkeit erkauft. Um im Bild zu bleiben: Es ist fast so, als ob jeder für sich auf einem Gipfel stünde – unerreichbar für jeden anderen. Man kann aber auf die Dauer nicht auf der Spitze eines Berges leben. Der Vorrat an Wasser und Nahrung ist begrenzt; es wird einem die Luft zu dünn und es ist kalt. Um konkret zu werden: Den Menschen, die heute den allgemein geforderten Standard an intellektueller Bildung, an beruflichem Erfolg, an Leistung und Karriere erreicht haben, geht allmählich die Luft aus. Bei allen Feuerwerken des Erlebens, die man öffentlich oder privat veranstaltet, wächst die Zahl derer, die im Innersten eiskalt sind. Hier gibt manche Scheidungsgeschichte einigen Einblick. Man kann auch sagen: Die Menschen kommen mit ihren Gefühlen nicht mehr zurecht. Sie können nichts mehr empfinden für die, mit denen sie leben, für den Lebensgefährten, die Lebensgefährtin, noch weniger können sie den Kindern die nötige Wärme und Aufmerksamkeit geben. Oft fehlt die Kraft zu allem. Sie fühlen sich von ihrer Arbeit und den Ansprüchen ihrer

Umgebung überfordert. So ist die Zahl der Frührentner ständig im Wachsen. Sie bräuchten es dringend einmal vom Gipfel der Anstrengung, der überhöhten Ziele, der Einseitigkeit der Beanspruchung durch Intellekt und Arbeitsdisziplin herabsteigen, sich niederlassen und ausruhen zu dürfen.

Auf diesem Hintergrund wird verständlich, daß der Markt für die vielfältigsten Formen der Selbsterfahrung gerade aus nichteuropäischen Kulturen blüht, ob sie nun Yoga, Tantra, Ayurveda oder Zen heißen. Sie sind deshalb so beliebt, weil sie die Einseitigkeit einer rein rationalen Einstellung, vor allem die Eintönigkeit der Arbeitswelt durchbrechen, vom angestrengten Machen zum Zulassen und Geschehenlassen hinführen, von der gespreizten Distanz zur unkomplizierten Nähe. So ist es bei manchen Selbsterfahrungskursen üblich, sofort einander mit »Du« anzureden.

In den Esoterik-Zeitschriften kann man lesen, daß vielen eine neue Welt aufging, als sie an solchen Kursen teilnahmen; daß sie zum ersten Mal in ihrem Leben so etwas wie Lebenskraft und Lebensfreude gespürt hätten. In einem gewissen Sinn kann man das Angebot im Bereich der Esoterik als eine Art Gegenkultur zur europäischen Zivilisation sehen. Sie ist die Folge des emotionalen und spirituellen Verlustes, den der moderne Mensch durch die einseitige rationale Prägung erleidet. Man könnte auch von einer bisher verborgenen, jetzt aber an den Tag getretenen Unterströmung reden. Sie setzt für das Verhalten andere Akzente.

Die wichtigsten davon sind: *Wahrnehmen, was ist im Hier und Jetzt,* und nicht ferne Ziele anstreben; *ein anderer Umgang mit der Zeit*: Sich Zeit gönnen, anstatt gehetzt schon auf das nächste Ereignis starren; *der bewußte Genuß* dessen, was das Leben zu bieten hat von Essen und Trinken bis zur Sexualität. Eingeschlossen ist damit die *Entdeckung und Annahme des Leibes* in seiner Bedeutung für das gesamte Lebensgefühl, auch für das Geistige und Religiöse. In der Kirche fürchtet man, daß man Körpererfahrung für religiöse Erlebnisse hält. Dazu gab es sogar eine kirchliche Verlautbarung von höchster Stelle. In Wirklichkeit sind etwa Yoga und Zen durchaus Möglichkeiten, das Religiöse als solches bei ausgebrannten, erstarrten Menschen zu wecken.

Sogar in der Wirtschaft hat man erkannt, was es bedeutet, die andere Seite des Menschen zu beachten und zu pflegen. Es gibt Angebote für Manager zu Themen der Spiritualität und Sinnfindung, die zwar nicht unter dem Stichwort Esoterik laufen, aber doch dem drängenden Bedürfnis nach Tiefenerfahrung des Daseins und nach erfülltem Leben entsprechen. Wenn dabei schwindelnd hohe Preise gezahlt werden (600 bis 1000 DM pro Tag), sagt das zwar nicht unbedingt etwas über die tatsächliche Qualität der Veranstaltung aus, wohl aber etwas über den Stellenwert in einer Welt, wo alles nach Zahlen – sprich nach der Höhe des Preises – eingeschätzt wird.

Aus der Sicht der Tiefenpsychologie ist die Faszination der Esoterik und von allem, was ihr zugerechnet wird, dadurch bedingt, daß im Laufe der Bewußtseinsentwicklung des europäischen Menschen vom Altertum über das Mittelalter in die Neuzeit der Bereich des Erlebens, der Gefühle und der religiösen Erfahrung allmählich ins Unbewußte abgedrängt wurde. Ausdruck dafür sind Rechtsprechung und Arbeitsdisziplin. Bei ihnen dürfen Gefühle keine Rolle spielen. Aber auf ihnen beruhen Rechtsstaat und Wohlstand. Was aber lang abgeschnürt und abgespalten wurde, gewinnt eine umso stärkere Dynamik. Das ist die bittere Lebensgeschichte vieler.

Jung überträgt seine Beobachtungen an einzelnen auf das Leben der Völker und kultureller Traditionen. Nicht nur der einzelne, ganze Nationen haben ein Unbewußtes, welches all das enthält, was im Laufe der Geschichte der Verdrängung anheimfiel, aber auch das, was an schöpferischen und zerstörerischen Kräften vorhanden ist. In uns selbst ist der archaische Mensch, also der, welcher nach den Gesetzen der Esoterik »funktioniert«. Ihm zu begegnen und ihn mit dem modernen Menschen zu versöhnen, sah Jung als Aufgabe seiner therapeutischen Tätigkeit.

Wie immer man die Dinge sehen mag, man sollte die *gewaltige Kraft*, die in den esoterischen bzw. fernöstlichen Ansätzen der Selbsterfahrung steckt, beachten. Sie entspricht dem Bedürfnis des einzelnen in der zweiten Lebenshälfte nach Vertiefung; das bedeutet, sich der Innenseite des Lebens zuzuwenden, dem, was bisher vernachlässigt und beiseite geschoben wurde. Es sind die noch schlummernden Ressourcen der eigenen unbewußten Seele, der Drang nach innerer Einheit und Geschlossenheit, vor allem nach Erfahrung der Transzendenz.

Der Reifungsweg zum größeren Umfang, sogar zur Ganzheit der Persönlichkeit verlangt, daß das Unbewußte sich öffnet und daß man mit dessen noch blinder Dynamik in Kontakt kommt bzw. sich davon anstecken läßt. Der nächste Schritt ist aber, daß wir in Worte fassen, was in uns und mit uns geschieht. Erst das Aussprechen befreit und schafft Nähe in Bewußtheit und ohne neuen Zwang. Das bloße Eintauchen in den neuen, faszinierenden Erlebnisstrom führt zu neuen Abhängigkeiten.

Die Aufgabe besteht darin, die Kraft des Unbewußten mit dem Licht des Bewußtseins zu verbinden. Wir dürfen den erworbenen Stand des Denkens, der Unterscheidungsfähigkeit, der Freiheit und Selbständigkeit nicht verlieren.

Im Sinne der Indianer sollten wir lernen, mit dem Herzen zu denken, aber wir dürfen dabei den Kopf nicht verlieren.

»Grenzpfähle gegen die Überschwemmung«?

Die Beiträge in verschiedenen theologischen Zeitschriften zum Thema Esoterik laufen meist darauf hinaus, aufzuzeigen, wie widersprüchlich und gegen jede rational verantwortete Einsicht die Denkansätze der neuen Weltanschauungen sind.

Solche Veröffentlichungen erreichen aber nur die Leser, welche ohnehin auf derselben Seite stehen. Sie greifen nicht bei jenen, welche auf der emotionalen und spirituellen Ebene Lösungen für ihre Probleme suchen. Um ein Bild zu gebrauchen: Pfosten und Zäune können Grenzen aufzeigen und Menschen und Tieren den Zutritt zu einem Grundstück verwehren, nicht aber dem eindringenden Wasser. Wenn man mit gutbegründeten Analysen und in sich stimmigen Argumenten gegen die neuen Strömungen vorgeht, so mögen das klar sichtbare Pfosten und Zäune sein, aber die Überschwemmung aus dem Reich des Irrationalen wird man damit nicht aufhalten.

Die bisherige Reaktion von kirchlicher und theologischer Seite hat offensichtlich auf das weitere Ausufern der Esoterik-Szene kaum Einfluß. In den Diözesen wurde die Stelle eines Sektenbeauftragten geschaffen, der gewiß gute Hinweise auf manche Scharlatanerie gibt und vielleicht sogar den einen oder die andere aus den Fängen von Verführern befreit hat. Die Versuchung ist groß, das Problem an einen einzelnen zu delegieren und es damit als erledigt zu betrachten. Die noch so gut geleistete Arbeit eines einzelnen darf aber nicht darüber hinwegtäuschen, daß das Interesse für Innenerfahrung, für neue spirituelle Wege außerhalb der Kirche eine nicht mehr zu überhörende Anfrage an die Art zu glauben und zu lehren der gesamten Kirche ist.

Eines sollte deutlich werden: Argumentatives Vorgehen gegen Esoterik-Engagierte ist in den meisten Fällen von vornherein zum Scheitern verurteilt – einfach weil die gemeinsame Plattform fehlt. Es liegen verschiedene Denkmodelle vor. Gründe, die uns einleuchten, überzeugen noch lange nicht die andere Seite. Man redet aneinander vorbei. Ein Weg zueinander wird nur dann möglich, wenn man die Motivation wie den Erlebnisraum der esoterischen Richtungen ernst nimmt.

Es läßt sich nicht leugnen: Den Menschen, die sich für esoterische Wege interessieren, brennen Lebensfragen unter den Nägeln, auf die sie im Raum der Kirche keine Antwort finden. Anstatt sich auf inhaltliche Auseinandersetzungen zu stürzen und sich daran festzubeißen, ist es fruchtbarer, das Suchen der Interessierten als solches und die Faszination ernst zu nehmen und zum Thema zu machen. Anstatt fremde Lebensentwürfe und Zugänge zur Wirklichkeit zu widerlegen, sollten wir als Christen erst einmal fragen: *Was bewegt Menschen, die bei ungewohnten Zugängen zur Wirklichkeit Zuflucht suchen?* Damit öffnen wir uns für das Gespräch mit der nichtkirchlichen und nichtchristlichen Szene und sind auf dem Weg, die gewaltige Herausforderung des modernen Zeitgeistes anzunehmen. Es geschieht dann etwas auf der anderen Seite, wenn sich etwas in uns selbst bewegt.

Die vergessene Herausforderung

Die Auseinandersetzungen um geistige Orientierung, d. h. um das, was in der Zukunft gedacht und als richtig eingeschätzt wird, werden im Hinblick auf Esoterik nicht auf der intellektuellen, sondern auf der *existentiellen* Ebene entschieden. Es ist das Gefälle der Gefühle und des ganzheitlichen Betroffenseins, nicht das nüchterne emotionsfreie Abwägen, welches Menschen zum Beitritt einer Sekte oder zur Annahme (für Außenstehende) absurder Theorien bewegt. Die Verunsicherten und Krisengeschüttelten suchen jeweils ein stärkeres Erleben, das sie der Last von Einsamkeit und Sinnlehre entreißt.

Bei Vertretern der neuen Religionen oder der Gruppen mit pseudoreligiösem Anspruch fällt ein Dauerlächeln in ihren Gesichtern auf. Ehemalige Mitglieder berichten, daß sie als Neulinge mit äußerster Zuvorkommenheit empfangen wurden und ihnen die Aufmerksamkeit und Zuwendung aller geschenkt wurde. Sie waren ständig aufgewühlt. Sie wurden bei Klatschen und Jubelrufen in eine Art religiöse Euphorie versetzt. Sie kamen in einen Bereich, der dem größeren Teil der jungen Menschen unbekannt ist und der gerade deshalb seine Faszination ausübt. Neuheitserlebnisse auf diesem Gebiet können sehr tief gehen und eine Persönlichkeit so verändern, daß eigenes Denken ausgelöscht wird.

Die Ratlosigkeit und die allgemeine Lähmung innerhalb des traditionellen Christentums im Hinblick auf die stärkste Konkurrenz seit Jahrhunderten mag darin ihren Grund haben, daß die theologische Ausbildung an den emotionalen und existentiellen Bedürfnissen der Menschen von heute so ziemlich vorbeigeht. Die Wahrheit, die Jesus vertreten hat, war jedoch keine abstrakte Lehre, sondern höchst personal – sie war sogar er selbst. (Vgl. Joh 16,6) Der gewaltige Aufstieg irrationaler weltanschaulicher Bewegungen macht den Mangel an spiritueller Erfahrung und personaler Überzeugungskraft im Raum der Großkirchen offenbar. Allein die Tatsache, daß auf dem Ladentisch der renommiertesten Buchhandlung einer Stadt nicht theologisch-kirchliche, sondern esoterische, religionspsychologische und buddhistische Zeitschriften aufliegen, welche religiöse Themen sehr geschickt und anregend darstellen, müßte aufhorchen lassen. Hier kann man als unvoreingenommener Leser Appetit auf Religion bekommen. Allerdings ist von Christentum kaum die Rede und wenn, dann ablehnend oder in einer Form, die den Rahmen der christlichen Tradition weit sprengt. Es finden sich dort Beispiele von leidenschaftlicher Gottsuche wie jene des österreichischen Lehrers und Therapeuten Eckehard Göbel, der mit letzter Konsequenz wissen wollte, ob Gott existiert.[5] Solche Berichte, gekonnt aufgemacht, sprechen ein Publikum an, welches dem herkömmlichen Christentum äußerst distanziert gegenübersteht. Es müßte nachdenklich stimmen, daß dieselbe Buchhandlung den Namen eines Verlages trägt, in dem Meßbücher gedruckt werden.

Anscheinend ist das christlich-kirchliche Angebot an Zeitschriften so wenig attraktiv, daß es keinen Platz auf dem Ladentisch hat. Man könnte zu dem Schluß kommen, daß die Kraft des Religiösen aus der Kirche ausgewandert ist.

Selbst wenn man mit manchem in diesen Zeitschriften nicht einverstanden ist – daß zum Beispiel fast nur strahlende, meist jüngere Gesichter zu sehen sind, oder daß menschliches Leid mit Religion nichts zu tun zu haben scheint – wäre es ungerecht, hier von einer Spiritualität ohne Gott zu sprechen. Weiterführend ist, hier eine gewaltige Herausforderung für uns kirchliche Christen zu sehen und sie anzunehmen. Damit müssen wir uns die Frage stellen: Mit welchem Potential an geistiger, spiritueller und emotionaler Wirksamkeit können wir der Esoterik-Szene entgegentreten? Welche Mittel und Wege gibt es, um dieses Potential in uns selbst zu erschließen? Eines läßt sich jedenfalls sagen: Es geht nicht auf der rein akademisch-intellektuellen Ebene und nicht ohne *volles persönliches Engagement.* Damit ist gemeint, daß wir die Fragen, welche Esoterik- und Alternativ-Interessierte bewegen, *als unsere eigenen erkennen und uns von ihnen genauso umtreiben lassen.* Im Grunde (der Seele und der Welt) geht es darum, daß wir uns den Anfragen unseres eigenen Lebens stellen, statt in vordergründige Erklärungen und Unterschätzung der Problematik ausweichen und, selbst unbeteiligt, Lösungen für andere suchen. Es ist genau das Problem, das Goethe im schon zitierten »Faust« darstellt. Nicht die Wissenschaften können dem Gelehrten, dem »alle Freud entrissen« ist, das befreiende, beglückende und sinnstiftende Erleben vermitteln; er muß sich vielmehr auf die Lebensprozesse als solche einlassen, bis nach aller Dramatik, nach allem Auf und Ab, der Augenblick da ist, der ihn voll erfüllt.

Der bekannte Theologe Professor Eugen Biser sieht als Hauptgrund der Entfremdung des Menschen vom Glauben »die Unfähigkeit der Kirche, auf seine Sorgen verstehend einzugehen, seinem vielfach frustrierten Glücksverlangen entgegenzukommen und ihm in seiner Überforderung, Vereinsamung und Lebensangst einen Raum des Aufatmens, der Solidarität und Geborgenheit zu bieten.«[6]

Es wäre ein Mißverständnis, durch diese Feststellung sich neue Lasten aufladen und sich ein schlechtes Gewissen einreden zu lassen. Vielmehr können wir in der Kirche diesem berechtigten Vorwurf nur dann gerecht werden, wenn jeder seiner eigenen Problematik ins Auge schaut, seiner Überforderung, seiner Angst und seiner Einsamkeit, und sich dem Prozeß der Heilung aussetzt. Nur auf diese Weise wird das Potential geweckt, mit der wir der Esoterik-Szene erfolgreich entgegentreten können. Hilfestellung für andere zu finden ist nur dann möglich, wenn man die Nöte des Lebens am eigenen Leib ausgetragen hat. Das beste Argument – ein Damm, und nicht nur Zaunpfähle – ist die eigene reflektierte und bearbeitete Lebensgeschichte.

Auf der anderen Seite macht es durchaus Sinn, sich in die Lebenssituation anderer Menschen hinein zu versetzen – in ihre Angst vor der Zukunft, in ihre Überforderung, in ihre Sinnlehre und Depression, in ihre Einsamkeit und ihre Sehnsucht nach dauerhaftem Lebensglück.

Die Einsamkeit und die Suche nach Gott

Mit Einsamkeit ist mehr gemeint als der unerfüllte Wunsch nach Nähe zu einem verständnisvollen Lebenspartner. Worunter Menschen heute leiden, könnte man als seelische Heimatlosigkeit und Entwurzelung bezeichnen. Im letzten ist es die nicht gelungene Suche nach Gott. Die Einbindung in eine lebendige Religion ist abgerissen oder nie geschehen. Die Symbole in der Welt der kirchlichen Tradition wie Festtage, Gottesdienste, Riten erscheinen überholt und veraltet. Sie sind vielfach zu bloßen Formeln erstarrt und müßten erst erschlossen werden. So findet die Seele keinen Raum, wo sie ausruhen und sich ausbreiten könnte. Um so größer sind die Erwartungen an das Glück im ganz kleinen Kreis oder an ein Leben zu zweit. Ob nun innerhalb oder außerhalb der Kirche, Tatsache ist, daß immer mehr Menschen an einem Zustand des »Stecken-Bleibens« oder »Festgefahrenseins« leiden. Es ist, als ob sich die Seele aus allem entfernt hätte. Man hat keinen Schwung bei der Arbeit, das Gespräch zwischen den Lebenspartnern verstummt, es fehlen Einfälle, das

Leben mit Freude kreativ zu gestalten. Die Gefühle sind wie vertrocknet, es findet kein Austausch statt, auch nicht im sexuellen Bereich; alles ist wie verödet. Statt einander Hilfe und Stütze zu sein, wird man einander zur Last. Man fühlt sich überfordert von anderen, von den Kindern und vom Beruf. Damit geht die Angst einher, nicht zu genügen vor dem, was auf einen zukommt, vor dem eigenen Schicksal, vor den Veränderungen in der Arbeitswelt. Selbst gläubige Menschen sind verunsichert durch die verschiedensten gegensätzlichen Meinungen und die Polarisierung im altgewohnten, heimatlichen religiösen Raum.

Die Suche der Menschen geht heute der Frage nach: Wo eröffnet sich eine Möglichkeit, den seelischen Stillstand zu überwinden, die Totenstarre zu lösen, in sich wieder Lebendigkeit zu spüren, einen festen Grund unter sich und Kraft in sich, neu erfüllende Nähe und Austausch zu erfahren; nicht zuletzt ist es die Sehnsucht nach der religiösen Tiefe, nach der mystischen Dimension außerhalb des Alltäglichen, nach Ausbrechen aus einem verengten, schablonenhaften, rein rationalen Weltbild. Man könnte es eine Suche nach Gott nennen, aber die Betroffenen würden dieser Bezeichnung kaum zustimmen. Denn mit dem Begriff »Gott« verbinden sie ein abstraktes Wesen jenseits dieser Welt, unerreichbar und unzugänglich – das, obwohl mit Allmacht ausgestattet, die Menschen ihrem Schicksal überläßt. So ein Gott ist nicht anziehend und kann nicht Grund für leidenschaftliche Suche sein. Wenn schon das Ziel des oft verzweifelten Strebens »Gott« genannt wird, dann muß er innerhalb dieser Welt sein, nicht ein Feind der Gefühle, sondern deren Anwalt, nicht ein Wesen der abstrakten Begriffe sondern der unmittelbaren Erfahrung.

Unvergessen bleibt mir der Bericht einer Frau über eine Gottesbegegnung, die sie im Alter von vierzehn Jahren hatte. Es war auf einem Traumkurs, wo sie nach 25 Jahren zum ersten Mal offen über dieses Erlebnis reden konnte. In ihrer Stimme und in der ganzen Art der Erzählung war noch etwas zu spüren von der Wucht und dem Glück dieses Ereignisses, von dem Schmerz, mit diesem Einbruch in ihr junges Leben jahrelang allein gewesen zu sein. Sie konnte es niemandem erzählen, nicht den Eltern, nicht der besten Freundin auch nicht ihrem Mann, weil sie das berechtigte Gefühl hatte, von niemandem verstanden zu werden, statt dessen fürchten mußte, für verrückt erklärt zu werden. Gerade von der Kirche war sie am meisten enttäuscht. Sie fand keinen Seelsorger, der nur annähernd auf das eingegangen wäre, was sie bewegte. So mußte sie ihr kostbarstes, wichtigstes und schönstes Erlebnis als ungelöstes Geheimnis, das sie isolierte, mit sich herumtragen. Es kam so weit, daß sie ernsthaft an sich zweifelte, ob alles doch nur Einbildung gewesen sei; sie fühlte sich minderwertig und wie ausgestoßen.

In der Selbsterfahrungsgruppe jedoch spürte sie den Rahmen, wo sie sich öffnen und Verständnis finden konnte. Es wurde ein Beitrag, der alle bewegte und aufhorchen ließ und ganz wesentlich das weitere Gruppengeschehen bestimmte. Man hatte den Eindruck, daß sich hier der Raum des Heiligen aufgetan hatte: Eine wohltuende Stille in den Pausen des Gesprächs, Achtung vor dem, was gesagt wurde; eine Nähe und Harmonie und doch die Freiheit, einander nicht festhalten zu müssen. Gerade die schmerzvolle Geschichte, mit dem ihr Gotteserlebnis verbunden war, gab der Erzählung ein besonderes Gewicht. Für die Frau war es beglückend zu erfahren, daß sie mit ihrem außergewöhnlichen Ereignis nicht mehr außerhalb stand und sich wie anormal vorkommen mußte, sondern daß sie in einer Gruppe von suchenden und durchaus kritischen Menschen ernst genommen und integriert wurde.

Zurück bleibt jedoch die Frage, wie es mit einer Theologie bestellt ist, in der ein solches Thema nicht vorkommt bzw. Seelsorger nicht befähigt werden, damit umzugehen. Bei aller Treue zur Tradition, bei allen klugen Analysen der Gegenwart, bei allem Engagement für gesellschaftliche und soziale Probleme sollte vornehmlich der Blick dafür geschärft werden, daß Menschen heute *»Religion pur«* suchen; sie möchten mit aller Radikalität wissen, was der letzte Grund ihrer Existenz ist.

Anders ist es nicht zu erklären, daß so häufig, das Thema der Gotteserfahrung unter Tränen und großem Schmerz vorgebracht wird, wie ich es in Selbsterfahrungskursen erlebe. Es wäre sehr vordergründig zu meinen, Menschen, die buddhistische

Klöster in Nepal, Thailand und Japan aufsuchen, würden nur ihrem Drang nach Exotischem folgen. Warum sollte man nicht eine Sehnsucht nach seelischer Tiefe und Transzendenz vermuten, wenn sie sich der absoluten Abgeschiedenheit und Stille aussetzen und sich fremden Riten unterwerfen? Aufgeschlossene Besucher spüren in den Zentren einer jahrtausendealten Kultur die ungebrochene Kraft des Religiösen. Zu denken wäre an die Zeit des Hochmittelalters im christlichen Europa, als die religiöse Erfahrung die Menschen zuinnerst prägte und sie zu gewaltigen Leistungen antrieb. Man könnte mit Einschränkung sagen, daß die Länder des fernen Ostens zumindest im Hinblick auf ihre Religion noch im Mittelalter, ja sogar noch im Altertum stehen – mit allen Vorzügen, aber auch mit allen Nachteilen. Gewiß ein Grund für eine mächtige Faszination.

Die Frage bleibt: Wo ist heute die Kraft des Religiösen im christlichen Raum?

Gewiß ist für viele das Christentum durch Vorprägungen und Vorurteile entwertet und verschlossen. Es gibt aber Zentren des christlich geprägten spirituellen Lebens, in denen auch heute Menschen – gewiß nicht alle – Zugang finden. Am bekanntesten ist die Gemeinschaft von Taizé, die jedes Jahr Tausende junger Leute durch ihren erlebnisstarken, ergreifenden Gottesdienst anzieht. Bemerkenswert ist, daß die Teilnehmer hier nicht in abgehobene Euphorie versetzt werden, sondern daß hier echte spirituelle Tiefe wirkt. In vielen Orten gibt es kleine Gruppen, die ihr Taizé-Erlebnis durch regelmäßiges Beten und Singen in den Alltag hineintragen.

Außer Taizé gibt es viele Stätten des religiösen Aufbruchs; Veranstaltungen, Seminare, Eucharistiefeiern in Kirchen und Klöstern. Die Einladung dorthin wird meist durch Mundpropaganda weitergetragen – ein Zeichen, daß religiöse Kraft die Menschen anzieht. Meist stehen Fragen im Mittelpunkt, die das Leben berühren und ausmachen. Man fühlt sich verstanden, ist innerlich beteiligt und geht erfüllt und beglückt weg. An der Art, wie ein Prediger über Texte spricht, merkt man, ob er auf eigene Erfahrungen zurückgreifen kann, ob er sich selbst der Einsamkeit, der Angst und dem Zweifel gestellt hat, ob er um die Erlebniswelt seiner Zuhörer weiß, weil er die eigene kennt. Hier ist der Punkt, wo christliche Verkündigung anfängt, nicht mehr auf Dauerrückzug zu sein und nicht mehr fremden Strömungen das Feld zu überlassen.

Wir setzen dem blind auswuchernden Trachten nach sensationellen Neuheitserfahrungen, nach euphorischen Zuständen, aber auch nach einer falsch verstandenen Religiosität am ehesten dadurch eine Grenze, daß wir Themen aufgreifen, die im Raum der Esoterik maßgebend sind, sie durchleben und durchleiden und aus einem verantworteten geistigen Hintergrund gangbare Wege aufzeigen. Um sie kurz zusammenzufassen: Es ist die Suche nach Einheit von allem, nach einem Zuhause in der Verlorenheit einer technisierten Welt; es ist die Sehnsucht nach etwas Größerem als man selbst ist; nach etwas, was einen der Einsamkeit und dem seelischen Druck, der Angst vor der Zukunft und vor der Vergänglichkeit entreißt. Es ist die Ahnung, daß es noch andere Zugänge zur Wirklichkeit gibt, vielleicht auch ein Dasein, das dieses Leben übersteigt.

II. Die Esoterik und ihre gefragten Themen

Die Einheit der Welt:
Heimat gegen die Verlorenheit

»Die Welt um uns her ist ein Geheimnis. Und wir Menschen sind nicht besser als alles übrige. Wenn eine kleine Pflanze uns gegenüber großzügig ist, müssen wir ihr danken, sonst wird sie uns vielleicht nie mehr in Ruhe lassen.«[7]

Dieses Zitat ist ein Ausschnitt aus dem Gespräch von Carlos Castaneda mit dem alten Indianer und Medizinmann Juan Matus. Am Ende der siebziger Jahre haben die Bücher Castanedas von seiner Begegnung mit dem indianischen Zauberer und spirituellen Meister Don Juan weltweites Aufsehen erregt und vor allem jüngere Menschen massenhaft begeistert. Eine Vorlesung über dieses Thema auf der Lindauer Psychotherapiewoche im Jahre 1981 war das eindrucksvollste Ereignis dieser Tage. Dem Vortragenden gelang es, etwas von der numinosen, man kann auch sagen religiösen Kraft der Ureinwohner Amerikas spürbar werden zu lassen. An die 400 Psychologen, Psychotherapeuten und Ärzte, die gewöhnlich am allerwenigsten etwas von Religion halten, folgten 90 Minuten ergriffen seinen Ausführungen. Allein schon dieses Phänomen verdient Beachtung; denn es gibt außer Eugen Drewermann im kirchlich-christlichen Raum kaum jemand, der so bewegend und nachhaltig von religiösen und existentiellen Themen sprechen kann. »Die Welt um uns ist ein Geheimnis«, das ist die Botschaft des alten Indianers; auch einer kleinen Pflanze sind wir Menschen verpflichtet, wenn sie uns gegenüber großzügig ist. In abstrakter Rede ausgedrückt, würde diese Sicht etwa so lauten: Es besteht eine Einheit von Mensch, Kosmos und Gott. Es gibt einen geistigen Grund der Welt – auch Weltseele genannt –, dem wir uns nicht durch logische Beweisführung, sondern nur durch je eigene Erfahrung nähern können. Wer dem rein wissenschaftlichen Denken verhaftet ist, wird hier aussteigen – müßte man meinen. Der Vorgang bei der genannten Veranstaltung zeigt aber, daß sich gerade wissenschaftlich Gebildete von der mythischen Welt der Indianer ergreifen lassen. Hier wurde eine ganz andere Ebene als die akademisch-rationale angesprochen. Die volle Aufmerksamkeit und absolute Aufnahmebereitschaft waren nur möglich, weil die Zuhörer in der Tiefe ihrer Existenz erreicht wurden. Es war kein trockenes Referat über indianisches Schamanentum, sondern die Botschaft von der geheimnisvollen Einheit der Welt. Und diese wurde unmittelbar gegenwärtig. Der geistige Grund der Welt wurde in dieser Stunde im Rathaussaal von Lindau lebendig. Die Menschen gingen nachdenklich, aber erfüllt und beglückt weg. Sie waren an die Tiefe ihrer Seele angeschlossen worden, an denselben geistigen Boden, auf dem die Geschichte von Don Juan und Carlos Castaneda sich ereignet hat. Man könnte auch sagen: Das Erlebnis dieses Vortrags war deshalb so bereichernd und wohltuend für sie, weil ihre Sehnsucht, aus der Verlorenheit in die Einheit mit sich selbst und mit der Welt zu kommen, zumindest in diesen Momenten erfüllt wurde.

Es gibt auch andere Augenblicke, in denen man begreift, was mit Einheit von Mensch, Kosmos und Gott gemeint sein kann; Erlebnisse – z. B. ausgelöst durch eine tiefe Begegnung, durch die Passage eines Musikstücks oder durch eine abendliche Stimmung in der freien Natur, durch die wir uns Menschen, der Schöpfung und Gott zugleich nahe fühlen und wo wir in dieser Welt zuhause sind.

Das bekannteste und überzeugendste Beispiel eines solchen Zustandes ist der Sonnengesang des hl. Franziskus. Selbst wenn man aus seinem Leben nichts wüßte, könnte man aufgrund des Textes darauf schließen: Dieser Mann stand an dem Punkt, wo sich Gott, Mensch und Schöpfung berühren. Weil er erfüllt ist von der Gegenwart Gottes, weil er angeschlossen ist an den Urgrund seiner Seele und der Welt, erkennt er die Sonne als Spiegelbild seines inneren Lichtes, empfindet er Mond und Sterne als kostbar, die Erde als nährende Mutter, den Wind und die Wolken als angenehme Begleiter. Die Natur ist nicht mehr ein gefährliches Ungeheuer, das es zu bekämpfen oder zu überlisten gilt. Selbst die dunklen Seiten, von denen Menschen gequält werden, Feindschaft, Krankheit, Leid und Tod sind nicht mehr unüberwindbar für einen, der in den Erlebnisraum des Heiligen eingetaucht ist. Wir hätten das beste Mittel gegen das gefürchtete Abdriften in magische, fremde, undurchschaubare spirituelle Praktiken, wenn wir dieses einzigartige Lied des hl. Franziskus so singen könnten wie er, mit derselben Freude und Hingabe, mit demselben Gefühl, in dieser Welt zuhause zu sein.

Sehr aufschlußreich ist, daß die Gestalt des hl. Franziskus auch Menschen aus anderen Religionen fasziniert. Überliefert ist die Begegnung mit dem Sultan, der ihn mit großer Achtung empfing. In der Lebensbeschreibung Thomas von Celanos heißt es: »Er erkannte in ihm etwas ganz anderes als in gewöhnlichen Menschen, und von seinen Worten im Innersten berührt, hörte er ihm gerne zu.«[8] Der Sultan muß etwas gespürt haben, was auch ganz und gar das Seine war. Eine eindrucksvolle Begebenheit, die zeigt, wie Grenzen zwischen Kulturen und Religionen durch eine bestimmte Art des Daseins durchlässig werden.

In unserer Zeit sind Zen-Meister und Buddhisten aus Japan zu nennen, welche die Welt des hl. Franziskus entdeckt haben. In Japan gibt es eine reiche Literatur über den Heiligen aus Assisi. Das ist in der Tat Grund genug, über das Wesentliche der Religionen nachzudenken und gerade den fernöstlichen, welche gewöhnlich unter den Begriff

»Esoterik« eingereiht werden, Achtung und Aufmerksamkeit zu schenken. Vieles spricht dafür, daß Menschen auf dem Zen-Weg auf ihre Weise dorthin gelangen, wo der hl. Franziskus stand.

Die Indianer nennen diesen Punkt bzw. Erlebnisraum die »Mitte der Welt«. »In die Mitte der Welt hast du mich geführt«, betet »Schwarzer Hirsch«, Medizinmann der Sioux, am Ende seines Lebens zum Großen Geist und meint damit seine Vision in jungen Jahren, in der »er auf heilige Weise die Gestalten aller Dinge im Geiste, und die Gestalt aller Gestalten, wie sie zusammenleben müssen, schaute«[9].

»Die Gestalt aller Gestalten« erinnert an die Aussage vom Logos, dem Zentrum allen Lebens und allen Lichts, »durch den alles geschaffen ist« (Joh 1,3). Oder nehmen wir die Stelle im Kolosserbrief, »daß in ihm (Christus) alles erschaffen ist, was im Himmel und auf Erden ist ... Und er ist vor allem, und das All hat in ihm seinen Bestand.« (Kol 1,16f) Wir dürfen mit gutem Grund annehmen, daß hinter den Aussagen des frühchristlichen Schreibers wie hinter denen der Indianer und des Sonnengesangs Erfahrungen der Einheit von Mensch, Gott und Kosmos stehen. Auf dieser Basis konnte die Vorstellung entstehen, daß der Mensch eine Welt im Kleinen (Mikrokosmos) ist, der die Welt im Großen (Makrokosmos) entspricht. Das ist eine Sicht der Wirklichkeit, die bei Naturvölkern, in alten Kulturen und im christlichen Mittelalter verbreitet war, die aber heute der Esoterik zugerechnet wird. Bei Nikolaus

Cusanus, dem bedeutendsten Kirchenmann und Philosophen des 15. Jahrhunderts, lesen wir: »Der Mensch ist aber auch die Welt.«[10] Dem großen Denker des ausgehenden Mittelalters ging es um die Einheit aller Dinge, welche er intuitiv wahrnahm. Er hätte sich wahrscheinlich mit dem alten Weisen der Sioux aus dem 19. Jahrhundert gut verstanden, der diese Grundannahme auf folgende Weise ausdrückt:

»Das Herz des Menschen ist ein Heiligtum.
In seiner Mitte befindet sich ein kleiner Raum,
in dem das große Geheimnis wohnt ...
Der Mensch trägt das Weltall in der Mitte seines
Herzens.«[11]

Für viele sind solche Sätze nichts als Fantasie. Trotzdem gibt es eine große Aufnahmebereitschaft für diese ganz andere Sichtweise von Mensch und Kosmos. Dies läßt darauf schließen, daß hier – in mythologischer Weise – eine Wahrheit ausgesprochen wird, die im engen rationalen Rahmen der Wissenschaftlichkeit verlorenging. Wenn das Herz des Menschen ein Heiligtum ist, wenn darin das große Geheimnis wohnt, wenn er das Weltall in der Mitte seines Herzens trägt, dann hat der Mensch nicht wegen seiner großen Leistungen, sondern wegen seines Herzens eine unantastbare Würde; dann ist jeder Mensch eine unendliche Größe und Kostbarkeit, so groß wie das Weltall. Wir können die uns umgebende Welt nicht losgelöst vom Innern des Menschen betrachten, ohne uns selbst und die Schöpfung auseinander zu reißen und zu zerstören.

Ergänzend sei auch noch ein Text angefügt, der in der Spätantike in Ägypten entstanden ist und das Grundgesetz der abendländischen Esoterik enthält. Die Annahme von der Einheit aller Dinge.

»Es ist wahr, ohne Lüge, sicher und gewiß.
Was oben ist, ist gleich dem, was unten ist, um die Wunder des Einen zu vollbringen.
Und wie alle Dinge aus einem sind, aus dem Denken des Einen, sind auch die gewordenen Dinge durch Entsprechung aus diesem Einen entstanden.«[12]

Wenn wir statt »unten« und »oben« »außen« und »innen« sagen, wird einiges verständlicher. Es ist nicht zu bestreiten, daß das Innere eines Menschen, d.h. wie er denkt, von welchen Gefühlen, Hoffnungen und Ängsten er besetzt ist, auch das Äußere beeinflußt. Die Wahrnehmungspsychologie hat nachgewiesen, daß jeder Mensch einen inneren Rahmen hat, nach dem er die Dinge auswählt, sie einordnet und ihnen Bedeutung verleiht; und dieser veranlaßt ihn, in bestimmter Weise auf eine Situation zu reagieren. Ein Wort zum Beispiel, das für den einen völlig harmlos ist oder sogar etwas Vertrautes darstellt, kann bei einem anderen Angst oder Zorn auslösen. Denken wir an Begriffe wie Selbstverwirklichung, Befreiungstheologie, Kirche: Für die einen sind es Reizwörter, für andere verbinden sich damit positive Inhalte, sogar Lebensziele. Das Innere eines Menschen entscheidet wesentlich darüber, wie er auf äußere Gegebenheiten antwortet, welche Freunde und welche/n Lebenspartner/in er auswählt, vor allem, ob das Leben miteinander gelingt.

Der Esoterik wird vorgeworfen, aufgrund des südostasiatischen Einflusses einen Kult der Innerlichkeit zu zelebrieren. Ausdruck dafür sei der Satz von Thorwald Detlefsen: »Es gibt in dieser Welt nichts zu verbessern, aber sehr viel an sich selbst.«[13] Hier werden wir eindeutig zum Widerspruch herausgefordert. Es gibt in dieser Welt sehr viel zu verbessern! Nur ist die Frage: Wo fangen wir an? Bei den Verhältnissen oder bei uns selbst? Es läßt sich beobachten, wie viele sich mit jugendlicher Begeisterung in den Einsatz für andere stürzen, nach einigen Jahren jedoch in ihrem Eifer erlahmen und für die zunächst recht edel erscheinende Selbstlosigkeit Ausgleich suchen. Man darf nicht vergessen, daß die große Utopie des Sozialismus daran gescheitert ist.

Dauerhafte Veränderung der äußeren Verhältnisse wird ohne Wandlung des inneren Menschen nicht möglich sein. Wer jedoch an sich selbst eine große Aufgabe sieht, ist dem Vorwurf ausgesetzt, er kreise egozentrisch um sich selbst. In Wirklichkeit bewirkt Befreiung von Ängsten und Heilung seelischer Verwundungen eine Stärkung der Persönlichkeit, realitätsnähere Sicht der Dinge, Verbesserung der Beziehungsfähigkeit und der Fähigkeit richtig zu entscheiden; mit anderen Worten: Durch die Bemühung, seine eigene Problematik zu lösen, wird man sich selbst, den Menschen und den Umständen eher gerecht und findet Lösungen, mit denen sich leben läßt.

Alle großen Gestalten des Christentums haben sich zunächst dem Prozeß der eigenen Wandlung ausgesetzt. Es wäre falsch zu sagen, sie faßten einen Plan, die Welt zu verbessern. Wahrscheinlicher ist, daß sie von einem Einbruch der Transzendenz erfaßt wurden – eine Erfahrung, der sie sich nicht mehr entziehen konnten. Sie brauchten Zeit, um sich dem Neuen zu stellen und ihr Leben zu ordnen. Der seelische Prozeß beanspruchte alle Aufmerksamkeit und Energie. Deshalb zogen sie sich aus der gewohnten Umgebung in die Einsamkeit zurück.

An erster Stelle ist Jesus selbst zu nennen, der sich nach den Berichten der drei Evangelisten Matthäus, Markus und Lukas in die Wüste begab. Ähnliches taten der hl. Benedikt, der die Grundlagen der Kultur in Europa schuf, Franziskus von Assisi und viele andere. Ignatius hat alle wichtigen Vorgänge seiner inneren Wege genauestens festgehalten und in ein System gebracht. Daraus wurden seine Exerzitien, deren ursprüngliche Intention eine Form der Lebensentscheidung von den Wurzeln der Existenz her war – also mehr als einige Tage der Geisteserneuerung.

Den Satz »Das Außen entspricht dem Innen und das Innen dem Außen«, brauchen wir nicht eng und krampfhaft dahingehend zu verstehen, daß Leid, Krankheit und Unglück und ebenso Glück nur eine Folge der inneren Verfassung oder sogar eines früheren Lebens wäre. Nicht jede Krankheit ist psychisch bedingt und nicht jedes seelische Heilwerden macht auch schon gesund. Es gibt Heilige, die zeitlebens körperlich leidend waren und doch tiefsten Frieden ausstrahlten. Die heilige Klara z. B. war dreißig Jahre ans Bett gefesselt. Manche sind auch sehr schwer gestorben, wie die Seherin von Lourdes Bernadette Soubirou und Theresia von Lisieux. Aufgrund ihrer Lebensgeschichte und der vieler anderer dürfen wir Aussagen über die Zusammenhänge von innen und außen, von Seele und Leib auch etwas kritischer betrachten. Das Schicksal von Heiligen, die wie der hl. Franziskus und viele andere durch Krankheit bedingt einen frühen Tod erlebten, läßt eher darauf schließen, daß die unmittelbare Begegnung mit der Transzendenz ihren Leib geschwächt hat; daß die Einheit mit Gott, mit den Menschen und mit der materiellen und geistigen Welt nicht der Zustand einer dauernden Euphorie, sondern mit Leiden verbunden ist. Jesus hat einen Raum des Aufatmens, der bejahenden Güte, der vollen Annahme gestiftet, aber er hat auch die Geister herausgefordert und wurde von den Gegensätzen aufgerieben. Nach urchristlicher Überlieferung hat er sie aber bis zur letzten Konsequenz versöhnt. Jesus hat sich ganz und gar dem Anspruch des Innen gestellt – im Evangelium als Stimme oder Wille des Vaters bezeichnet – und zugleich nahm er die Herausforderungen von außen an, begegnete Kranken, Notleidenden, Einsamen, Verzweifelten, »den Verlorenen« und wich auch seinen

Gegnern nicht aus. Der Mann aus Nazareth ist – auf der Ebene der äußeren Fakten gesehen – daran zerbrochen. Die Erfahrung der ersten Christen war jedoch, daß er gerade durch seinen Tod einen Erlebnisraum eröffnet hat, in dem alte Feindschaften und trennende Wände beseitigt sind (vgl. Eph 2,14) und in dem Menschen verschiedenster Herkunft und des unterschiedlichsten Standes eins werden (vgl. Gal 3,28).

Die Vorstellung der Einheit von Mensch, Kosmos und Gott ist eine zentrale Aussage der ersten christlichen Schriften, vor allem beim Apostel Paulus; doch hilft dies heute wenig, wenn davon nichts unmittelbar im Hier und Jetzt spürbar wird. Wenn Einheit ständig angemahnt und beschworen wird, ist sie noch lange nicht Wirklichkeit. Entscheidend sind konkrete Schritte, die keine neuen Überforderungen mit sich bringen.

Bei Selbsterfahrungskursen zeigt sich, daß eine Gruppe dann am ehesten zusammenfindet, wenn die Teilnehmer von der Ebene des Diskutierens, des Rechthaben-Wollens und gegenseitigen Kritisierens wegkommen zu einer Einstellung des Annehmens. Auf dieser Ebene läßt man die Beiträge einfach auf sich wirken und sich von dem betreffen, was andere aus ihrem Leben erzählen. Bei Traumseminaren hat es sich als sehr hilfreich erwiesen, wenn die Zuhörer nur das einbringen, was sie an den Bildern, Figuren und Handlungen eines Traums berührt hat, anstatt sofort zu deuten oder sogar angelesene Traumtheorien zum Besten zu geben. Dasselbe gilt selbstverständlich auch für ein Gespräch über Texte der Hl. Schrift. Nicht Rechthabenwollen oder »Richtigstellen«, nicht gekonntes und geschliffenes Argumentieren öffnet Menschen füreinander, sondern Achtsamkeit und Interesse für das, was den anderen und einen selbst bewegt. Daß es einen Punkt gibt, wo Menschen, Kosmos und Gott einander berühren, ist altchristliche Lehre. Entscheidend ist, ob wir ihn finden.

Gott ist innen: Erfahrung vor Belehrung

»Im Jahre des Herrn 1654, Montag, den 23. November, von ungefähr halb elf abends bis ungefähr halb eins in der Nacht: Feuer. Gott Abrahams, Gott Israels, Gott Jakobs, nicht der Gott der Philosophen und Gelehrten. Gewißheit, Freude, Friede. Gott Jesu Christi. Er wird nur gefunden auf den Wegen, die im Evangelium gelehrt werden. Tränen der Freude.

Ich hatte mich von ihm getrennt. Ich bin vor ihm geflohen, ich habe ihn verleugnet, gekreuzigt. Daß ich nie mehr von ihm getrennt werde. Hingabe an Jesus Christus.«[14]

Bei diesen Worten handelt es sich um das sogenannte Mémorial des Philosophen Blaise Pascal († 1663). Es war auf Pergament geschrieben und wurde nach seinem Tod in seine Kleider eingenäht gefunden. Es muß ihm anscheinend so viel bedeutet haben, daß er jeden Tag seines Lebens an dieses große Ereignis erinnert werden wollte.

Im Zentrum steht eine Erfahrung, die nur mit dem Begriff »Feuer« auszudrücken ist, für die meisten ist dies zunächst völlig unverständlich. Ich werde erinnert an den Bericht einer Frau über ein Jugenderlebnis. Es war nach dem Abitur. Als sie allein spazieren ging, hatte sie plötzlich die Empfindung zu brennen. Dieses Erlebnis war so überwältigend, daß sie beim Erzählen 20 Jahre später noch in Tränen ausbrach. Sie konnte damals nichts damit anfangen, konnte es nicht einordnen, aber auch nicht vergessen. Sie wußte nicht, ob es Zeichen einer angehenden Psychose war oder ob es mit dem Religiösen zu tun hatte. Ihr geistlicher Onkel, den sie befragte, sah darin ein Zeichen, ins Kloster zu gehen. Das konnte sie aber nicht, was sie noch mehr unter Druck setzte. Den Bogen vom Feuer in sich zum brennenden Dornbusch und zum Gott Abrahams, Gott Israels und Gott Jakobs (Ex 3,1–6) fand sie nicht. Es gab keinen Priester oder geistlichen Begleiter, der ihr hätte aufzeigen können, daß durch dieses Ereignis Gott mit ihr eine bewußte Geschichte wie mit Moses beginnen wollte. Heute herrscht im Raum der Kirche die große Klage, daß Gott sich zurückzieht, daß man nur mit Mühe über ihn reden kann. Andererseits wird seine Erscheinung in unserer Zeit nicht wahrgenommen bzw. werden Menschen, denen sie zuteil wird, nicht ernst genommen. Außerordentliche religiöse Phänomene werden von theologischer Seite mit Skepsis betrachtet – mit einem gewissen Recht. Man denkt sofort an Marienerscheinungen und an die damit verbundene Frömmigkeit, besonders wenn sie dazu dann noch einer bestimmten kirchenpolitischen Richtung Aufhilfe leistet.

Das Schwinden des Religiösen im christlichen Raum und das Aufblühen esoterischer Praxis und fernöstlicher Meditation hat aber damit zu tun, daß religiöse Erfahrung im theologischen Denken und im praktischen Tun nicht den Stellenwert besitzt, der ihr zusteht. Kein anderer als Blaise Pascal hat den Gegensatz von einem bloß gedachten und einem erfahrenen Gott schon vor mehr als 300 Jahren erkannt. Er distanziert sich vom Gott der Philosophen als der obersten Spitze eines Gedankengebäudes, dem man zwar absolute Eigenschaften zuschreibt, der aber bis zum Vergessen weit weg ist von uns. Für Pascal ist Gott *Feuer* wie für Moses. Wenn dieser Ausruf seine erste Reaktion auf das außerordentliche Erlebnis war, kann man nur ahnen, welche Wucht von Energie ihn durchströmte. Wenn in einem Haus jemand »Feuer« schreit, bedeutet das höchste Alarmstufe, ja tödliche Bedrohung. Man könnte sich auch eine Art Blitz vorstellen, der dem französischen Denker durch Mark und Bein fuhr, eine plötzliche Erleuchtung der seelischen Landschaft. Wie immer es gewesen sein mag, das Wort »Feuer« besagt, der große Philosoph war zuinnerst getroffen, schmerzlich und beglückend zugleich. Gewißheit, Freude und Friede erfüllten ihn, sogar Tränen der Freude.

Zu dem, was Pascal widerfuhr, gibt es durchaus Parallelen in unserer Zeit, die aber im kirchlichen Raum nicht registriert werden. Beim Durchblättern einer religionspsychologischen Zeitschrift, erregte bei mir ein Artikel wegen der außerordentlichen Dichte und Wucht des Geschilderten Aufmerksamkeit. Es ist die Geschichte des schon erwähnten österreichischen Lehrers und Therapeuten, der sich als Globetrotter in Sachen Gott-Suche versteht und verschiedene Berufe ausübte. Es ist anzunehmen, daß es sich hier nicht um einen angepaßten, langweiligen, gewöhnlichen Menschen handelt. Er vertritt die Meinung, daß sinnvolle Psychotherapie ohne spirituell-religiösen Rückbezug nicht möglich ist. Der Höhepunkt seiner Geschichte: Nach 25 Jahren der Suche wollte er nun endlich Gott persönlich begegnen. Dazu nahm er sich ein Jahr Zeit und fuhr nach Byron Bay an die Küste Ostaustraliens – »bis zum Ende der Welt«. Dort hoffte er, in einer neuen christlichen Erweckungsbewegung das Ziel seiner Sehnsucht zu finden. Und es geschah tatsächlich ausgerechnet am Heiligen Abend.

»Es traf mich mit solch einer Wucht, daß ich augenblicklich das Gefühl hatte, meine Identität würde verschwinden, weggerissen wie ein lästiges Hindernis im Blickfeld. Da war Es nun! Und ich mittendrin, ohne noch irgendeine Unterscheidung zwischen mir und allem, was um mich herum vor sich ging, zu fühlen. Ich konnte nur noch herausbrüllen ›God is‹ und wurde dann mit diesen Worten irgendwohin hinausgeschleudert, wo es nur noch still war. Unablässig pulsierende Stille.*

Nach diesem Erlebnis konnte ich stundenlang nicht mehr sprechen, und mein Körper fühlte sich an wie ein schwerer Taucheranzug. Ich hatte erhalten, worum ich gebeten hatte. Die Tatsache, gehört und erhört worden zu sein, öffnete mir einen weiteren Raum, der kaum leichter beschreibbar ist.«[15]

Es gibt keinen Grund, an der Ernsthaftigkeit dieses Berichtes zu zweifeln. Auf die Radikalität des Einsatzes und die Intensität des Erlebens könnte durchaus das Bild des Feuers passen; und es ist dieselbe Aussage wie bei Pascal: Gott ist nicht ein Gedanke, mit dem man jongliert; er ist das letzte Innen der Existenz; er ist das, was den Menschen zuinnerst aufwühlt und umwirft. Der Theologe Paul Tillich nennt deshalb Gott das Symbol für das, was einen unbedingt angeht.

Nach wie vor bleibt die Frage, warum sich solche Begegnungen eher außerhalb als innerhalb der Kirche ereignen. Wir sollten überprüfen, ob nicht unser Gott tatsächlich zum Gott der Philosophen geworden ist. Es wird zwar ständig behauptet, daß Gott in der Geschichte handelt, aber allein bei einem solchen Satz schalten die meisten schon ab, weil davon im Hier und Jetzt nichts zu spüren ist. Derartiges Reden wird zur Belehrung, die niemanden bewegt. In den Erzählungen, in denen Gott gehandelt hat, war es etwas anders: Das Feuer des Dornbusches brannte in Mose noch genauso, als er vor die Israeliten trat und vom Pharao die Freilassung seines Volkes forderte. Ebensowenig hätte Paulus in Korinth irgendeinen Bewohner der Slums gewonnen, wenn nicht in ihm die Kraft seiner Urerfahrung mit dem Auferstandenen gewirkt hätte. Um auf das Bild des Feuers zurückzukommen: Die Verkündigung in der Frühzeit des Christentums und bei allen lebendigen Aufbrüchen in den späteren Jahrhunderten ist ohne das Überspringen und Zünden des Funkens zu neuen eigenständigen Feuern (in den Glaubenden) nicht zu denken. Für uns heißt das: Wie kann das Feuer in uns geweckt werden, wenn nirgends ein Funkenflug zu entdecken ist? Die Aussage Meister Eckehards kommt uns zu Hilfe, der aufgrund seiner eigenen Geschichte mit Gott den Begriff »Seelenfünklein« prägte. Es wird dann angefacht, wenn wir Achtsamkeit entwickeln für das, was in uns vorgeht, vor allem wenn wir den Sinn schulen für das, was echt und stimmig ist, und die Sehnsucht nach Tiefe und Erfüllung zulassen. Das fordert allerdings den Einsatz unserer ganzen Person.

Was Blaise Pascal, was die Propheten des Alten Bundes, was die Apostel und Menschen unserer Zeit (wie Eckehard Göbel in Australien) erlebt haben, ist nicht einfach machbar; Erfahrungen geschehen, sie sind dem Willen entzogen. Aber man kann sich für sie bereit machen. Es gibt Wege, die in die Nähe solchen Erlebens führen. Hier ist die Ansatzstelle der östlichen, esoterischen Richtungen. Sie sind deshalb gesucht, weil sie nicht damit beginnen, Lehren zu verkünden sondern Anleitung zu je eigener Erfahrung geben. Im christlichen Lager sieht man dabei häufig nur die Konkurrenz. Tatsache aber ist, daß hier Menschen in einer atheistischen Zeit anfangen, religiös zu werden.

Die Wahrsagekunst:
Ein Mittel gegen die Zukunftsangst?

Laut der Zeitung »Die Woche« bemühen sich in Deutschland 6.000 Astrologen, 10.000 Geistheiler und 90.000 Wahrsager um das Seelenheil der esoterisch interessierten Bevölkerung. Dagegen kümmern sich lediglich 30.000 Geistliche um die Gläubigen der beiden großen Kirchen.[16] Man sucht sich Rat bei der Astrologie, bei der Handlesekunst, bei Tarot-Karten, beim I-Ging und beim Pendel. Die Häufung der Inserate in Zeitungen und Zeitschriften weisen darauf hin, daß in der Einschätzung der Gesellschaft eine Schwelle vom Geheimen zum Öffentlichen, von seriöser Dienstleistung zum Unseriösen und Unlauteren überschritten wurde. Man möchte es vorher wissen. Das wird verständlich im Blick auf die Tatsache, daß fast jede dritte Ehe geschieden wird, und daß selbst eine qualifizierte Ausbildung noch keine Garantie für einen sicheren Arbeitsplatz gibt. Die Enttäuschung über zerbrochenes Glück, die Verunsicherung im Bereich von Leistung und menschlicher Nähe und der einstmals tragenden Leitbilder wie Weltanschauung und Religion, auch ein Stück Neugier veranlassen Menschen, einen Blick in die Zukunft zu tun. Es gibt Personen, die bei jeder Reise das Horoskop zu Hilfe nehmen. Nicht wenige tun es sogar beim Ausfüllen eines Lottoscheines oder beim Erwerb von Aktien.

»Opfern Menschen reihenweise ihren klaren Verstand?« könnte man fragen. Auch hier gilt es, die Keime der Wahrheit zu entdecken und sich vor pauschaler Verurteilung zu hüten. Immerhin hatte die Astrologie im Mittelalter kein geringes Ansehen; es gab bis 1789 einen päpstlichen Hofastrologen; im Hauptschiff mancher alten Kirche sind die Tierkreiszeichen dargestellt oder sogar ein Horoskop.[17] Das Matthäusevangelium (Mt 2,1–12) berichtet von Magiern, Sternkundigen – den Weisen aus dem Morgenland –, die dem neugeborenen König der Juden auf der Spur sind und Jesus in Bethlehem finden. Als Grund ihrer Suche geben sie an, sie hätten »seinen Stern gesehen«. Tatsächlich bezeugt der Sternkalender von Sippar – eine Keilschrift aus Babylonien um die Zeitenwende – für das Jahr 7 vor Christus ein seltenes Sternbild: Jupiter und Saturn in den Fischen.[18] Saturn gilt als der Stern Palästinas und der Juden. Man denke an die englische Bezeichnung für Samstag – saturday – »Saturnstag«. Es ist der Sabbath, der Feiertag der Juden. Wie immer man die Geschichtlichkeit der Erzählung von den Weisen beurteilt, eines steht fest: Der Verfasser setzt bei seinen Lesern – wahrscheinlich Judenchristen – einen Verstehenshorizont voraus, in dem Sternbilder und auch Träume eine wichtige Rolle spielen und keineswegs als heidnischer Aberglaube verurteilt werden.

Um einer ernsthaft betriebenen Astrologie gerecht zu werden, müssen wir auf das Weltbild des in uns wohnenden archaischen Menschen zurückgreifen. Dieses ist ganzheitlich. Damit ist gemeint: Wir Menschen können unser Schicksal nicht losgelöst von dem uns umgebenden Kosmos betrachten. Wir sind eingebettet in diese Welt mit ihren Kräften und Vorgängen und von ihnen beeinflußt. Jedes hängt mit jedem zusammen. Eine der Grundannahmen der hermetischen Philosophie (nach Hermes, dem Götterboten, dem Gott der Wege, der Kaufleute und Diebe) lautet: »Wie oben so auch unten«. Wie die Gestirne sich bewegen und zueinander stehen, so vollziehen sich die Schicksale der Menschen. Die gegenseitigen Entsprechungen (Analogien) sind die Grundlage der Astrologie. Nach deren Auffassung sind die Sterne nicht die Verursacher des Schicksals, sondern sie zeigen die Vorgänge nur an.

Für den Indianer wie für den Menschen der Antike und des Mittelalters war der Zusammenhang, die Ähnlichkeit und Verwandtschaft mit dem Kosmos selbstverständlich. Deshalb fühlte er sich dort auch zuhause. Die Umwelt war für ihn verläßlich. Daraus bezog er sein *Grundvertrauen* in das Dasein. Bei den Indianern beginnen Verträge mit der Formel: »Solange die Sonne scheint und das Wasser fließt, solange die Bäume ihre Blätter werfen ...« Im Psalm 89 wird der Mond als Zeuge für die Treue Gottes zum Hause David angeführt: »er soll ewig bestehen wie der Mond, der verläßliche Zeuge über den Wolken.« Wir können das Interesse für den Stand der Sterne als eine Suche nach einer letzten Sicherheit in der Form des archaischen Menschen sehen. »Wenn es schon keinen verläßlichen Menschen, keine unerschütterliche Autorität, kein festes Glaubenssystem mehr gibt, dann bleiben doch noch die Sterne«, ist wohl die geheime Überzeugung vieler.

Dagegen wird eingewendet: Horoskope sind unsicher. Sie können alles und jedes bedeuten. Man macht sich abhängig von einem/r Astrologen/in, vom vorausgesagten Schicksal. Im Grunde komme es nur darauf an – so der Vorwurf – in einem Film mitzuspielen, dessen Drehbuch schon längst feststeht.

Diese Gefahr im Umgang mit der Astrologie wird mit Recht angeprangert. Oberstes Prinzip sollte sein: sich nie die eigene Entscheidung abnehmen lassen. Der wohlwollende Betrachter kann in der Astrologie auch eine Art Charakterkunde sehen oder eine an den Himmel projizierte Tiefenpsychologie. Es geht um Muster, die Welt zu sehen und sich in ihr zu verhalten. Die Leistung einer guten astrologischen Deutung besteht darin, einem Menschen seinen jeweiligen individuellen Handlungsrahmen verständlich zu machen und Lösungsmöglichkeiten für konfliktträchtige Situationen aufzuzeigen. Die Astrologie gibt die Möglichkeit, den Spielraum, der mir zur Verfügung steht, zu erweitern. Mit den Ergebnissen aller zukunftsdeutenden Künste sollte man wie mit den Träumen verfahren. Sie sind nicht unmittelbar eindeutige Aussagen, sondern Bilder und Symbole für einen psychischen Tatbestand, für Gefühle, für eine augenblickliche Situation oder für einen tiefgehenden, bedrückenden Komplex. Der erste Schritt im Verstehen eines Traumbildes wäre, es auf sich wirken zu lassen. »Was trifft auf mich zu?« sollte man sich fragen und die Reaktion seiner Gefühle beachten. Erst deren Zustimmung – das Erleben der inneren Einheit – läßt den Sinn eines Traumes an sein Ziel kommen.

Ähnlich könnte man mit dem Horoskop umgehen. Ein Beispiel: Ein Mann ließ sich von zwei Astrologinnen, unabhängig voneinander, ein Horoskop erstellen. Sie kamen beide zu dem Ergebnis, daß er die Fähigkeit zum erfolgreichen Geschäftsmann habe. Ausgangspunkt der Deutung war die Nähe zu Merkur, dem Gott der Kaufleute. Damit konnte der Mann jedoch nichts anfangen. Aufgrund seiner Beschäftigung mit der Tiefenpsychologie Jungs ging ihm auf, daß Merkur auch die wandelnde Kraft meint, die den psychischen Prozeß vorantreibt. Dies ließ ihn die Bedeutung der Nähe zu Merkur im Horoskop verstehen: Zum einem hatte er selbst eine tiefgreifende Wandlung durchgemacht, zum anderen war er gerade dadurch befähigt, Entwicklung bei anderen einzuleiten und zu begleiten.

Die Arbeit mit Träumen und mit Tarot-Karten bildet die Intuition, was ganz wörtlich »Einsicht« heißt. Wer einen bisher geleugneten oder unbekannt gebliebenen Sachverhalt seines Lebens einsieht, läßt neue Gefühle zu: Betroffenheit, Trauer, Schmerz, aber auch innere Geschlossenheit und Freude. Die Intuition bringt Verstand und Gefühl zusammen. Dies bedeutet Stärkung der Entscheidungsfähigkeit und damit mehr innere Sicherheit. Man bekommt das Gespür dafür, was für einen richtig ist, und vor allem, wer zu einem paßt. Wenn die Arbeit mit den sogenannten Wahrsagekünsten zur kritischen Selbsterfahrung, Selbstprüfung und Selbsterkenntnis und somit zu Wachstum der Persönlichkeit führt, dann gestalten wir unsere Zukunft zumindest zu einem erheblichen Teil selbst. Während Angst die Wahrnehmung verzerrt, die Initiative lähmt, die Stimmung drückt, öffnet der neue Zustand der größeren inneren Freiheit den Blick für das Richtige und gibt Impulse, die Wirklichkeit zu bewältigen.

Magie: Der geheimnisvolle Zugang zur Wirklichkeit

»Der Hahn vertreibt den Löwen«

In theologischen Abhandlungen des Mittelalters wird dieser Satz dem lateinischen Schriftsteller Plinius zugeschrieben. Erklärend fügt dieser hinzu, daß Reisende in der Wüste einen Hahn mitnehmen, um sich vor Löwen zu schützen; ein typisches Beispiel dafür, welch magischen Charakter ein Tier im Glauben eines Volkes erhalten kann.

Das Wort »magisch« hat keinen guten Klang; man verbindet es mit fremden, undurchschaubaren Praktiken, um Einfluß auf die Natur oder andere Menschen ohne deren Einsicht und Einwilligung zu gewinnen. Man spricht von der »magischen Anziehung« so manches Geistheilers, Sektenführers oder Politikers und meint genau diese Undurchschaubarkeit seiner Wirkung. Was bei kritischen Menschen auf Ablehnung stößt, übt auf andere Faszination aus. Wer z. B. bei Magier/innen in Sachen Partnerschaft Hilfe sucht, erhofft sich das ersehnte Glück über undurchsichtige Kanäle. Man traut den geheimen Kräften zu, dem Schicksal eine positive Wendung zu geben. Ohne diesen latent vorhandenen Glauben an die Allmacht der Magie hätten Inserate in Zeitschriften kaum eine Chance. Alles nur Betrug? Oder könnte es vielleicht sein, daß die genannten Beraterinnen bzw. Glücksbringerinnen durch besonderes psychologisches Einfühlungsvermögen, gute Menschenkenntnis und eine starke Suggestivkraft die Einstellung ihrer Klientinnen und Klienten tatsächlich verändern?

Wie dem auch sei, damit ist das Thema des Magischen und der Magie noch nicht geklärt. Auch hier gilt es, den Kern der Wahrheit zu entdecken. Es kann nicht alles *ganz* falsch sein. Schließlich werden die Magier von Matthäus als recht positive Figuren geschildert. (Mt 2,1–12)

Um der Sache auf die Spur zu kommen, müssen wir uns noch einmal in das esoterische bzw. magische Weltbild versetzen. Was uns zunächst als blanker Unsinn erscheint, kann im Rahmen dieses Verständnisses von Mensch und Kosmos durchaus *Sinn-voll* sein. Es handelt sich eben nicht um strenge Logik, sondern um ein vor-logisches Denken, das seine eigenen Gesetzmäßigkeiten hat. Voraussetzung von allem ist, daß für den archaischen Menschen der gesamte Kosmos belebt und beseelt ist. Der Begriff der »Weltseele« wurde schon erwähnt. Es ist die Art des Geistes, welche mit der Intuition die Brücke zu den Gefühlen schlägt und zum Erleben der Ganzheit mit sich und der Welt führt. Jung sieht das englische Wort »mind« (Geist) mit der lateinischen Bezeichnung für Welt »mundus« verwandt. Die Seele und die Gefühle, Reaktions- und Verhaltensweisen folgen anderen Regeln als unser rationales Denken. Die wichtigsten davon sind *Gleichzeitigkeit* und *Entsprechung*. In der Fachsprache heißen sie *Synchronizität* und *Analogie*.

Der anfangs zitierte Satz vom Hahn, der den Löwen vertreibt, gewinnt auf dem Hintergrund der Gleichzeitigkeit der Ereignisse einen Sinn. Sobald nämlich der Hahn kräht, wird es Tag und der Löwe zieht sich wie alle Nachttiere in sein Versteck zurück. Der Hahn verursacht nicht die »Flucht« des Löwen, sondern er kündigt sie an. Unverständlich wird es dann, wenn der Zusammenhang mit dem zeitlichen Rahmen nicht mehr gesehen wird. Auf diese Weise bekamen Gegenstände oder Lebewesen ihren »magischen« Charakter.

In den Rahmen der Gleichzeitigkeit kann man auch die wissenschaftlich erforschten, sogenannten »bedingten Reflexe« einbeziehen. Starkes Erleben kann einen äußeren Reiz mit einer sonst unabhängigen Reaktion verbinden. Bei den Versuchen des russischen Psychologen Pawlow wurde beim Füttern von Hunden ein Glockenzeichen gegeben. Nach einiger Zeit war der Speichel, der sich beim Fressen bildet, beim bloßen Glockenzeichen festzustellen.

Der andere wichtige Aspekt esoterischen Denkens ist der der Analogie, der Ähnlichkeit und Entsprechung. Auf diesem Hintergrund werden die sogenannten magischen Rituale der Naturvölker vollzogen. Während wir genau unterscheiden zwischen dem, was in uns ist und dem, was in der Natur ist, reicht die Seele archaischer Menschen weit über sich hinaus. Ein Schamane redet mit den Pflanzen, mit den Steinen und mit den Wolken. »Er lauscht den Stimmen der Tiere. Er wird einer von ihnen. Von allen Lebewesen fließt etwas in ihn ein und von ihm strömt auch etwas aus.«[19] Aufgrund dieser seelischen Verbundenheit wird verständlich, daß man nach dem Gesetz der Analogie Einfluß auf die Umwelt ausüben kann. Das Mittel dazu ist das Ritual, das von den weißen Forschern »Analogiezauber« genannt wurde.

Bei anhaltender Dürre veranstalten die Hopi-Indianer und andere Naturvölker den sogenannten Regentanz. Ihr Gesang und ihre Bewegungen sind so, als ob der Regen schon fallen würde. Der Tanz paßt bildlich zum Regen, er ist sozusagen eine »Vorahmung« im Gegensatz zu Nachahmung, oder anders ausgedrückt: Das Erlebnis des Regens wird vorausgenommen. Nach der Überzeugung der Indianer kommt dann der Regen tatsächlich – weil ja alle Dinge zusammenhängen.

Ein eindrucksvolles Ereignis, bei dem sich Seele und Natur gleichzeitig bewegen, wird aus dem Leben des indianischen Schamanen »Schwarzer Hirsch« geschildert. Als alter Mann besteigt er noch einmal den Hügel, auf dem er als Kind seine große Vision hatte. »Unter rinnenden Tränen« bittet er den Großen Geist, den verdorrten Baum, den er in der Vision gesehen hatte – Sinnbild seines Volkes – wieder leben zu lassen. Zur gleichen Zeit, so berichtet John G. Neihardt, der ihn dabei begleitete, fiel ein spärlicher kühler Regen.

Es gab nicht nur Regen-, sondern auch Jagd- und Kriegstänze. Dabei ging es darum, die Seele und deren Kräfte auf das zu jagende Tier oder auf den Feind einzustellen. Man malte eine Hirschkuh oder die Umrisse einer menschlichen Gestalt in den Sand, tanzte um die Figuren und warf die Speere dorthin. Das war ebenfalls eine »Vorahmung« oder die Vorausnahme des Erlebens von Kampf und Sieg!

Der aufgeklärte Mensch spricht von Zufall und belächelt das Denken jener Völker. Was gehen uns heute die Weltbilder noch lebender oder schon ausgestorbener bzw. ausgerotteter Stämme, deren Rituale und Praktiken an? Wir dürfen nie vergessen, daß unsere unbewußte Seele, der Sitz der Impulse, der Leidenschaften und der Reaktionen nach den Regeln des Weltbildes der Naturvölker »funktioniert«. Der Grundsatz der Analogie, der Ähnlichkeiten und Entsprechungen ist Voraussetzung, um Einfluß auf das Unbewußte, auf Gesinnung und Stimmung auszulösen.

So haben die Nationalsozialisten auf die altgermanische Mythologie, deren Wertvorstellungen und Riten zurückgegriffen. Die ständigen Aufmärsche mit der Parole »Sieg Heil« waren eindeutig die Vorausnahme eines Triumphzuges nach errungenem Sieg. Zusammen mit den Hetzreden der Propaganda gelang es, die Seele, vor allem der jungen Menschen, bis zur letzten Faser mit nationalsozialistischer Gesinnung, blindem Gehorsam und Fanatismus zu durchdringen. Die bittere Erfahrung mit dem Dritten Reich bestätigt die These, daß wir den archaischen Menschen in uns tragen – und daß magische Praktiken ein gewaltiges Potential der Zerstörung auslösen können. Eine sogenannte Aufklärung, welche alles, was mit Magie zu tun hat, für null und nichtig erklärt, geht an der Wirklichkeit vorbei. Statt dessen brauchen wir gerade die »magischen« Rituale, festgelegte Muster der Entsprechung und Ähnlichkeit, um einen positiven Wandel herbeizuführen.

Um jemanden in einer Psychotherapie von seiner Traurigkeit zu erlösen, muß der Therapeut ein ähnliches Gefühl, ein Mitleiden mit dem Betroffenen aufbringen. Der große Erfolg der esoterischen Angebote beruht darauf, daß sie diese Rituale beherrschen. Es gelingt ihnen, Einfluß auf unbewußte Motivationen auszuüben und Kräfte freizusetzen. Ob das den Beteiligten immer zum Guten gereicht, ist eine andere Frage. Kurzzeitiges Überflutetwerden von Energie ist nicht schon dauerhaftes Glück. Es kann sehr schnell wieder zusammenbrechen. Entscheidend ist der ganz normale Alltag: ob man seiner Arbeit und den Menschen, mit denen man lebt, gerecht wird. In den Esoterikzeitschriften sieht man fast nur strahlende Gesichter, als ob es nur um eine Steigerung des Erlebens ginge. Wie ist es aber mit Alter, Krankheit und Tod? Diese Themen werden weniger behandelt. Solange es an Bewußtheit, an Einsicht und Verantwortung für das eigene Schicksal und das anderer fehlt, bleibt alles noch im Bereich einer doppeldeutigen Magie im beschriebenen Sinn.

Hier wäre der Schritt von der Magie zur Psychotherapie notwendig. Die moderne Seelenheilkunde, die den unbewußten Grund der Seele verändern will, greift zwar auf »magische« Rituale zurück – sonst würde sie im Unbewußten nichts bewegen – sie unterscheidet sich aber von den genannten Praktiken darin, daß sie den Hilfesuchenden und Leidenden zur Bewußtheit seiner selbst und zur Stärkung seiner Entscheidungsfähigkeit führen will.

Ein guter Hinweis für die Nähe unserer Seelenlandschaft zur magischen Welt der Indianer und anderer Naturvölker sind unsere Träume. Hier begegnen wir bedrohlichen Gestalten, müssen uns mit ihnen auseinandersetzen und wie die Indianer in der Wildnis mit den Tieren und Geistern reden.

Die Figuren in den Träumen und deren Handlungen sind Bilder für innere Prozesse; sie sind der äußeren, erlebten Wirklichkeit entnommen. Beim Versuch, einen Traum zu verstehen, sollte man sich immer sagen: »Es ist, wie wenn ...« Das Prinzip der Analogie steht im Mittelpunkt.

Während eines Kurses träumt eine Frau von einer Schlange, die für sie recht bedrohlich ist. Beim Durcharbeiten des Traumes in der Gruppe wird eine Decke zusammengerollt, die einer Schlange ähnelt. In einer Art Rollenspiel spricht die Träumerin mit ihr und kann sich ihr nähern. Ergebnis: Die Schlange verändert sich in der Vorstellung der Frau, sie verliert ihre erschreckende massive Gestalt und sieht wie zum Anfassen aus. Entscheidend ist, daß Gefühle in Bewegung kommen, die von Angst befreien und froh machen. Ohne Zweifel könnte man hier Parallelen zu »magischen« Ritualen der Indianer oder anderer Kulturen sehen, die einen ähnlichen Vorgang mit lebenden Tieren der Wildnis ausführen. Es war eine Art »Schlangenbeschwörung«.

Der Unterschied zur Imagination der Gruppe ist, daß die Beteiligten wissen: Die Schlange existiert nur in der Vorstellung und ist ein Bild für eine innere Dynamik, während für den Schamanen diese Reflexion ausgeschlossen ist.

Um es noch einmal auf den Punkt zu bringen: Um Einfluß auf Gefühle anderer zu nehmen und sie zu verändern, müssen wir nach dem Prinzip der Ähnlichkeit bzw. Analogie vorgehen. Um jemand von seiner Traurigkeit zu erlösen, helfen keine Argumente, sondern nur ein ähnliches Gefühl, ein Mit-Leiden mit dem Betroffenen.

Von der »Magie« lernen

Magie, verstanden als Einfluß auf die Wirklichkeit durch Vorahmung des gewünschten Effekts, scheint im diametralen Gegensatz zur Naturwissenschaft zu stehen. Nun hat sich gezeigt, daß diese Art des Umgangs mit der Realität durchaus Berechtigung hat, wenn es sich um belebte und beseelte, d.h. eigentätige Wesen handelt, im konkreten Fall um die unbewußte Seele in uns. Das »magische« Denken in diesem Sinn ist keineswegs überholt, es kommt auf den Bereich an, in dem es angewandt wird. Das naturwissenschaftliche Vorgehen deckt nicht den ganzen Umfang der Wirklichkeit ab. Es greift dort nicht, wo es um menschliche Probleme geht.

Deshalb gilt es, beide Bereiche gut zu unterscheiden. Leider geschieht dies nicht immer. Um auf magische Weise ein Auto anzulassen, müßte der Fahrer einen Sympathie- oder Analogiezauber ausführen. Er müßte den gewünschten Effekt »vorahmen«. Er würde also lautes Gebrüll ausstoßen, um das Auto herumhüpfen, vielleicht ein Stück vorauslaufen, den Feuergeist beschwören oder ähnliches Absurdes und Lächerliches tun. Niemand käme auf diese Idee. Selbst ein erfahrener Schamane würde sich davor hüten, die Ebenen des Wirkens auf diese Weise zu verwechseln. Wenn aber von wissenschaftlicher Seite Übergriffe auf einen Bereich geschehen, der ihr nicht zusteht, scheint das niemandem mehr aufzufallen. Weil man ja anscheinend alles im Griff hat, glaubt man, daß alles, sogar die Seele des Menschen wie eine Maschine funktioniert. Man brauche sozusagen nur den Zündschlüssel umzudrehen, dann müsse eigentlich alles nach Plan laufen.

Eine tragische Geschichte kann das Gesagte veranschaulichen: In einem größeren Betrieb war im oberen Leitungsbereich Zusammenarbeit nicht mehr möglich. Es knirschte überall. Daraufhin wurde die gesamte Mannschaft in ein Management-Zentrum zu einem zweitägigen Kurs eingeladen. Der Trainer klärte sie über Schicksal und Verantwortung, über immanente und transzendente Motive und über die Wichtigkeit von Sinnerfahrung auf. Anhand von Schautafeln konnten sich die Teilnehmer über die Zusammenhänge der einzelnen Entwicklungsschritte der Zusammenarbeit einen guten Überblick verschaffen. Sie schlossen sogar eine Abmachung, sich an bestimmte Punkte zu halten. Man ging von der Vorstellung aus, daß das Ganze nach den entsprechenden Eingaben nun laufen müsse. Aber es funktionierte – außer dem schwindelerregenden Honorar des Referenten – genau so wenig, wie wenn der Medizinmann mit Beschwörungsformeln den Motor ankurbeln würde. Es endete sogar damit, daß sich einer der Mitarbeiter das Leben nahm.

Hier wären tatsächlich »magische« Künste, übertragen auf unsere Zeit, nötig gewesen, eine Art Analogiezauber, d. h. die »Vorahmung« oder Vorausnahme der konfliktgeladenen Situationen im Rollenspiel, der Tanz oder das Kreisen um die Mitte. Damit ist gemeint heiße Eisen von allen Seiten zu betrachten. In einer solchen Situation ist nicht Belehrung, sondern eine Intervention gefordert, welche die Gruppe befähigt, neue Einsichten und tiefere Gefühle zuzulassen. Nicht die Information ist entscheidend, sondern die Kunst, die existentielle Dynamik der gesamten Gruppe zu steuern.

Eines wird bei der Aufstellung von Programmen und Grundsatzerklärungen häufig übersehen: sie sind nur soviel wert, als Menschen dahinter stehen. Man kann ein harmonisches Miteinander, edle Gesinnung und Begeisterung nicht durch Beschluß verordnen, weder sich noch anderen. Das Erwünschte ist Ergebnis von Erlebnisprozessen, die erst in Gang gesetzt werden müssen, gewiß oft sehr mühsam. Aber im letzten sind sie doch effektiv. Sie beginnen mit emotionaler Entlastung und nicht mit neuen Forderungen.

Ob nicht hier ein Schlüssel liegt für manchen Stillstand im kirchlichen Raum? Es wiederholt sich, daß man mit großem Aufwand in höchsten Gremien – ob in Synoden der Bistümer, in Diözesanforen oder Ordensversammlungen – Beschlüsse faßt und nach einem Jahr spricht niemand mehr davon.

Vielmehr sind es nach wie vor Emotionen, welche die Tagesthemen beherrschen oder neue hervorbringen; Gefühle der moralischen Entrüstung, der Enttäuschung, der Verletztheit, der Ängste, der Unsicherheiten. Es scheint, daß jener Bereich, welcher die Motive wesentlich bestimmt, trotz aller beschworenen intellektuellen Redlichkeit bei den meisten ziemlich im Dunkel der archaischen Welt liegt. Sonst wäre die irrationale Zerstrittenheit gerade unter jenen, die so viel auf den Gebrauch der Vernunft setzen, nicht zu erklären. Nichts ist deshalb nötiger als ein Zugang zum Raum der unbewußten Seele.

»Der Neue Mensch«

Die Zielvorstellung »Der Neue Mensch« durch-
zieht seit der Aufklärung die geistigen Strömungen der Neuzeit, war Inhalt der totalitären Ideo-
logien und hat nun zur Jahrtausendwende wieder
an besonderer Anziehungskraft gewonnen. Die
Rede ist von Biomedizin und Gentechnik, welche
dem Menschen erlauben, zum ersten Mal in der
Geschichte den eigenen Bauplan in Händen zu
halten. Das sogenannte Human Genom Projekt
wird als eines der ehrgeizigsten Forschungspro-
jekte, das je in Angriff genommen wurde, bezeichnet. Welches Ergebnis am Ende stehen wird, weiß
niemand; Zweifel sind berechtigt, ob diese Entwicklung zum Besseren der Menschheit wird.

Während man auf der einen Seite von der Technik die Erfüllung des Wunschtraumes erwartet,
hat sich die technologiefeindliche New-Age-Bewe-
gung unter Fritjof Capra, Marilyn Ferguson, Ken
Wilber und Stanislav Grof die Verheißung vom
Neuen Menschen zu eigen gemacht. Hier ist nicht
wissenschaftliche Forschung die Grundlage für
den Bewußtseinssprung, sondern spirituelle Erfahrung soll die Transformation des Ich vom Individuellen in das allgemeine kosmische Bewußtsein
leisten. Damit greift New Age eigentlich auf die
Praktiken und Erfahrungen uralter religiös-esote-
rischer Traditionen zurück. Jung hat zum Beispiel
nachgewiesen, daß der von den Alchimisten ge-
suchte Stein der Weisen oder die Umwandlung von
Blei in Gold eigentlich den neuen Zustand des al-

chimistischen Meisters, also einen neuen Menschen meint.

Wir brauchen gar nicht auf wissenschaftliche Ambitionen oder esoterische Überlieferungen zurückgreifen, das Thema des Neuen Menschen begegnet uns jeden Tag im Umgang mit der jungen Generation; sie ist wesentlich spontaner, direkter und unmittelbarer in ihren Gefühlsäußerungen, sie läßt sich von niemandem bevormunden, tut, was sie im Augenblick für richtig hält, sie ist aber auch den Schwankungen ihrer Stimmungen viel stärker ausgeliefert; sie tut sich damit schwer, eine Verbindung auf Dauer durchzuhalten, sich auf andere einzustellen und auf eigenen Vorteil und auf Einschränkung der Freiheit zu verzichten. Das sogenannte moderne Lebensgefühl meint, daß es vor allem auf das Hier und Jetzt ankomme, daß man Erlebnisse auf alle mögliche Weise steigern müsse, daß der Blick auf die Zukunft weniger wichtig sei. Andererseits ist durchaus das Bestreben vorhanden, Beziehungen mit Partnern und Kollegen verstehen zu wollen, den versteckten Sehnsüchten nachzuspüren und für die Zukunft zu sorgen.

Die esoterischen Ansätze des Weges nach innen, der Wandlung und Transformation fallen allerdings eher dort auf fruchtbaren Boden, wo der unbeschwerte Optimismus angeschlagen ist, wo eher existentielle Verunsicherung durch Mißerfolg oder nicht weiter erklärbare Prozesse vorherrschen. Nicht jedes Scheitern einer Ehe ist bedingt durch Bindungsunfähigkeit oder mangelnde Fähigkeit des Gefühlsausdrucks. Bei vielen stellt sich heraus, daß es einfach das Bedürfnis ist, sich nach innen zu kehren, sich dafür Zeit zu nehmen, um dem Anspruch der Tiefe – meist für Außenstehende unverständlich – zu genügen. Solche Menschen kann man dann in Meditationszentren, christlichen wie buddhistischen, antreffen, die ihnen oft auch zur Heimat werden.

Wie ist eigentlich die Reaktion aus dem kirchlich-christlichen Raum auf diese Aspekte vom Neuen Menschen?

Es klingt ernüchternd und enttäuschend, wenn in einem Leitartikel der »Herder Korrespondenz« als christliche Antwort auf diese Herausforderung nur gesagt wird, daß christliche Verkündigung vom Neuen Menschen immer unter »eschatologischem Vorbehalt« stehe, daß da »eine unaufhebbare Spannung zwischen dem schon erfahrbaren Heil Gottes im Hier und Jetzt und der gleichermaßen umfassenden wie unverfügbaren Neuwerdung in der Ewigkeit Gottes« sei.[20] Allein schon die Art des Ausdrucks macht es schwer, das Gemeinte zu verstehen oder gar zu vermitteln. Es käme darauf an, daß das Heil Gottes auch im Hier und Jetzt tatsächlich erfahren wird, daß Menschen in ihrer spirituellen und menschlichen Not im Raum der Kirche das finden, was sie suchen: Verstehen, Ernstgenommen-Werden, Tiefe. Im Hinblick auf die Anfänge des Christentums gäbe es zum Thema des Neuen Menschen sehr viel zu sagen. Der verstorbene Pastoraltheologe Viktor Schurr nennt als große Leistung der Frühkirche die Schaffung einer *»neuen Menschenart,* allein vom Glauben her, gegen eine Übermacht des Heidentums«[21]. Dies ist wesentlich mehr als nur die Spannung zwischen der (recht frustrierenden) Gegenwart und der Vollendung in der Ewigkeit auszuhalten. Die frühe Kirche hatte die Kraft, Menschen zu wandeln. Dies ist mehr, sogar total anders als erziehen oder zum Befolgen der Gebote anhalten. Das Grundlegende der Christen von damals war eine neue *Erfahrung*, weniger ein Hineinwachsen in schon vorgegebene Schemata oder ein mühsames, wiederholtes Ausrichten an hohen Idealen. Es muß etwas gewesen sein, was den ganzen Horizont des Erlebens, der Motivationen und Impulse und den des Denkens, der Lebensinhalte und Werte umgekippt hat. Nur auf dieser Ebene werden wir den Aussagen von einer »neuen Schöpfung« (2 Kor 5,17), von der »Neuheit des Lebens« (Röm 6,4), daß »Altes vergangen ist und Neues geworden ist« (2 Kor 5,17), gerecht. Den Vorgang bezeichnet Paulus sogar als Sterben und Auferstehen (Röm 6,1–20), um die Radikalität des ganz anderen Lebens zum Ausdruck zu bringen. Aufgrund seiner persönlichen Geschichte meint er damit ein reales Erleben, nicht nur eine theologische Interpretation der Taufe. Gerade bei solchen Bezeichnungen der Taufe und deren Wirkungen ist primär an den Prozeß zu denken, durch den ein damaliger Jude oder Heide gehen mußte. Es tat sich ein Tor auf zum Verständnis der Hl. Schriften wie des neuen Daseins als Christ.

Um es noch einmal zu sagen: Die Wandlung, die in den frühchristlichen Schriften gemeint ist,

ist etwas anderes als die Perfektionierung einer bestimmten Lebensweise; sie ist nicht unmittelbar vom Willen hervorgerufen, sondern ein Widerfahrnis. Paulus nennt es Gnade; etwas, was nicht er gemacht, sondern was mit ihm geschehen ist. Den neuen Zustand bezeichnet er als »in Christus sein« (2 Kor 5,17). Das ist das Schlüsselwort zum Verständnis der Gedankenwelt des Paulus und wäre es auch für das Christsein unserer Tage. Was aber ist mit dem Neuen Menschen bei uns heute? Zunächst sollten wir uns von der Vorstellung frei machen, als ob wir durch die Taufe schon alles »hätten«. Paulus und die anderen Schriftsteller schildern im Blick auf die Taufe Erlebnisprozesse *Erwachsener*. Solche sind aber im Zustand des Kleinkindes, in dem heute die Taufe gespendet wird, ausgeschlossen. Das bedeutet: Die Wandlung zum Menschen, wie Paulus ihn sieht, steht bei uns Christen trotz Kindertaufe noch aus. Denn dem spirituellen Niveau nach steht die Mehrzahl der Getauften unserer Zeit den damaligen Heiden oder den im Neuen Testament geschilderten Judentum wesentlich näher als dem von Dynamik und Aufbruchstimmung erfüllten Christen der Frühzeit. Dort gab es den Neuen Menschen tatsächlich, während er heute eher außerhalb gesucht wird.

Sympathische Eigenschaften

Im New-Age-Wörterbuch[22] werden die Qualitäten des Neuen Menschen der kommenden Bewußtseinsstufe oder des nächsten Weltzeitalters angeführt. Sie stammen aber nicht von einer esoterischen Schule, sondern von Carl Rogers, dem Begründer der Gesprächspsychotherapie.

Er ist Vertreter der humanistischen Psychologie, die eine rein naturwissenschaftliche Sicht des Menschen zu überwinden versucht. Im Mittelpunkt stehen der Eigenwert eines jeden und dessen Entfaltung – persönliches Wachstum genannt. Dazu gehören Emotionalität und Beziehungen und die Kunst, mit ihnen richtig umzugehen. Die angesprochene Richtung der Psychologie hat einen sehr optimistischen Charakter und hat durch die Gruppenarbeit (encounter-groups) sehr viel Hoffnung für ein neues Zusammenleben und sogar für ein neues Menschenbild geweckt. Carl Rogers war der erste in seinem Beruf, der therapeutische Gespräche durch Tonbandprotokolle und Fragebögen auf ihre Wirkung wissenschaftlich überprüfen ließ. Er gehörte zu denen, die entdeckten, wie man rational mit dem Irrationalen, d. h. mit Gefühlen umgeht. Er weiß sich dem Standpunkt der klaren Vernunft genauso wie den gefühlsbestimmten, unberechenbaren Vorgegebenheiten des Menschen – dem Bereich der heutigen Esoterik – verpflichtet. Er versuchte, wie vor ihm S. Freud und C. G. Jung zwischen beidem eine Brücke zu schlagen. Denn nur dann entsteht etwas qualitativ Neues, wenn im Menschen selbst die Gegensätze zwischen Rationalem und Irrationalem, zwischen Denken und Fühlen auf einer höheren Ebene zu einer fruchtbaren Einheit gebracht

sind. Nur auf diese Weise können die Einseitig-
keiten der verschiedenen Weltanschauungen und
Kulturen überwunden werden.

Jede Einseitigkeit, ganz gleich ob die Überbe-
tonung des Intellekts wie in der europäischen
Neuzeit oder der absolute Vorrang des Erlebens
wie in der esoterischen Szene, ist eine Sackgasse
des menschlichen Fortschritts. Sie verhindert eine
echte Neuschöpfung und läßt die kulturelle Entwicklung auf Altes, das heißt auf primitivere (im
schlimmsten Sinn) Stufen des Denkens und Ver-
haltens zurückfallen. Den Beweis liefern die letzten 200 Jahre, die von der Herrschaft der reinen
Vernunft, der sogenannten Aufklärung geprägt
sind. In keiner Epoche der Weltgeschichte fielen
so viele Menschen dem staatlich organisierten,
vom kalten Intellekt geplanten und durchgeführ-
ten Verbrechen zum Opfer.

Der krankmachende Aspekt der modernen Zivilisation stand den namhaften Psychotherapeuten Sigmund Freud, Carl Gustav Jung, Carl Rogers
und vielen anderen in den von ihnen behandelten
Menschen unmittelbar vor Augen. Die von ihnen
entdeckten Wege zur Überwindung der Krise des
einzelnen und der Gesellschaft haben deshalb eine
nicht mehr zu übersehende Bedeutung, vor allem,
wenn es um die Vision des Neuen Menschen geht.

Deshalb lohnt es sich, die von Carl Rogers ausge-
machten Kennzeichen des Neuen Menschen, die von
den Anhängern eines neuen Zeitalters auf ihre Fah-
nen geschrieben wurden, ernst zu nehmen und sie
mit denen des christlichen Ursprungs zu vergleichen.

Als erstes betont Rogers die *Offenheit*: Damit ist eine Einstellung gemeint, die neue Erfahrungen, Betrachtungsweisen, Lebensarten und Ideen nicht sofort ablehnt, sondern sich daraus zum eigenen spirituellen und persönlichen Wachstum und zur Erweiterung des eigenen Horizonts Anregungen holt.

Es gibt bei den Kirchenvätern die Tradition des »Logos spermatikos«, welche auch bei anderen Religionen oder weltanschaulichen Richtungen Keime der Wahrheit zu finden sich bemüht. Dies kommt der von Rogers angeführten Offenheit nahe. Sie ist aber nur möglich, wenn sich ein inneres Tor zum Kern der Lebendigkeit und des selbständigen Denkens geöffnet hat. Deshalb steht seit den Anfängen des Christentums das Thema des Öffnens im Mittelpunkt der Einführung in den Glauben. Dies war ursprünglich der Sinn des Effeta-Ritus während der Taufe.[23] »Effeta« heißt: Öffne dich. Jesus hatte es einmal zu einem Taubstummen gesprochen und ihm dabei Mund und Ohren aufgetan. (Vgl. Mk 7,31-37) Ein neues Hören mit anderen Ohren und ein Sprechen mit einer anderen Zunge – eine neue Sprache – war einmal Ergebnis eines Bekehrungsweges.

Als zweite Eigenschaft wird *Authentizität* genannt. Authentizität ist die Ablehnung von Heuchelei, Betrug, Doppelzüngigkeit. Gemeint ist die Echtheit eines Menschen, die im Gespräch, im Auftreten, in einer Begegnung spürbar wird, die Vertrauen schafft und es anderen ermöglicht, sich zu öffnen. Rogers verlangt diese Grundhaltung von einem Therapeuten als Voraussetzung für eine erfolgreiche Arbeit.

Im Neuen Testament steht dafür das Wort »Wahrheit« (Joh 14,6; Joh 4,23). Im Laufe der Christengeschichte hat man sich lange genug um die »Wahrheit« und »Wahrheiten« gestritten. Man hat nicht beachtet, daß Wahrheit primär eine Einstellung im Sinne von Echtheit meint, ohne die auch keine objektive Wahrheit als Ergebnis eines Erkenntnisprozesses möglich ist. Das beste Zeugnis dafür bietet das Johannesevangelium. Als Jesus den Nathanael auf sich zukommen sieht, sagt er von ihm: »Seht, wahrhaftig ein Israelit, an dem kein Falsch ist.« (Joh 1,47) Eindeutig meint Jesus die Echtheit oder Authentizität dieses Mannes. Die »Anbetung Gottes im Geist und in der Wahrheit« (Joh 4,23) bedeutet ebenfalls die Wahrheit als Einstellung. Wenn Jesus sich als die Wahrheit bezeichnet (Joh 14,6), sollte man nicht sofort an deren Absolutheitsanspruch gegenüber anderen Religionen denken, sondern eher daran, daß in ihm die Wahrheit als Einstellung und Inhalt zusammenfallen, daß in ihm das lebt, wovon er spricht; daß er zu seiner Wahrheit – dem Willen des Vater – bis zur letzten Konsequenz steht.

Eines läßt sich sagen: Die Echtheit des Religiösen zeigt sich darin, ob jemand recht*haben* oder recht*sein* will. Auf dieser Ebene würden sehr bald verhärtete Fronten aufgeweicht. Man würde anders miteinander reden.

Der dritte Punkt ist die *Skepsis gegenüber Wissenschaft und Technologie*. Sie ist insofern berechtigt, als die Technik die Sehnsucht des Menschen nach wahrem Glück, nach Erfüllung, nach Verstehen und Nähe nicht abdeckt, und ihr Mißbrauch mit Recht zu fürchten ist. Man denke nur an die zur Zeit geführte Diskussion um die Embryonenforschung und das Klonen von Menschen. Die christliche Auffassung sieht um jede menschliche Person von ihrer Entstehung bis zu ihrem Tod eine unverfügbare Grenze gezogen. Es geht hier um mehr als »ideologische Scheuklapperei«.

Als viertes wird *Ganzheit* angeführt. Sie ist das hervorstechendste Anliegen der Esoterik und eines der Grundbedürfnisse der Menschen unserer Zeit.

»Ganzheitlich« heißt, daß der Mensch nicht in verschiedene Segmente aufgeteilt wird, sondern daß alle Lebens- und Erfahrungsbereiche eingeschlossen sind. Im Blick auf die Naturvölker, die man um den uns verlorengegangenen Sinn für die Einheit des Ganzen beneidet, wird der Medizinmann oder Schamane zum typischen Vertreter. Er ist für Krankheiten, für Träume und Visionen und den Umgang mit den Geistern zuständig. Er ist Heiler, Seelsorger, Priester, Prophet und geistig-religiöser Führer in einem. Bei den Sioux wird er Wicasa Wakan, »heiliger Mann« genannt.

Unter diesem Aspekt dürfen wir auch Jesus sehen. Er ist dann eindeutig Ausdruck der ersehnten Ganzheit. Damit ergibt sich eine wesentlich größere Nähe zum Medizinmann als zum Berufsbild des Priesters und anderer Diener und Amtsträger der Kirche von heute. Das Entscheidende dürfte sein, daß die Berührung mit dem Heiligen in der Tiefe der Existenz innere Einheit und wohltuende Geschlossenheit mit sich bringt. Wer davon getroffen und geprägt ist, ist im Grunde ein anderer geworden. Er kann auch andere in den Wurzeln ihres Wesens berühren und ihnen ähnliche Erfahrungen der Einsicht mit sich und Gott ermöglichen. Er kann bei Menschen, denen er begegnet, das Gefühl hervorrufen: Ich werde als Ganzer angesprochen, als der/die ich im tiefsten Wesen bin; ich fühle mich aufgehoben und verstanden. Hier ist der Grund, warum Begegnungen mit Heiligen so beliebt waren und immer noch sind; man denke an den hl. Franziskus, an den Pfarrer von Ars, zu dessen Besuch eine ganze Postlinie aufgemacht werden mußte, an Papst Johannes XXIII. und an Roger Schutz in Taizé.

Die Nähe des Heiligen wird erfahren als Heilung von Einsamkeit und innerer Zerrissenheit, oft auch von körperlicher Krankheit.

Es sei noch darauf hingewiesen, daß im Englischen »whole« (ganz) und »holy« (heilig) verwandt sind, dem im Deutschen »heil« und »heilig« entsprechen. Ein Mensch, der von der Atmosphäre des auferstandenen Jesus geprägt ist, ist heil, heilig und ganz. Er hat auch die Fähigkeit, diese Qualitäten an andere weiterzugeben. »In meinem Namen werden sie Dämonen austreiben ... Kranken werden sie die Hände auflegen, und diese werden gesund werden.« (Mk 16,17)

Die fünfte Eigenschaft des Neuen Menschen ist *Nähe*: Sie wird bei Rogers so beschrieben: Man bemüht sich, Gemeinsamkeiten zu entdecken und gemeinsame Ziele zu erreichen. Dazu gehören auch Initiativgruppen für bestimme Probleme, z. B. Kinderbetreuung oder Ähnliches. In den sogenannten Encounter-Gruppen werden neue Formen der Kommunikation erforscht. Hier ist allerdings eine gewisse Ernüchterung eingetreten. Echte Nähe – das bedeutet Vertrauen – läßt sich nicht durch Techniken herstellen. Gewisse Regeln der Konvention zum Beispiel die Anrede per »Sie« kann man zwar schnell überspringen, nicht aber das je eigene Bedürfnis nach Distanz, nach Alleinsein, wenn es die seelische Entwicklung in einer bestimmten Lebensphase erfordert. Vertrauen braucht Zeit und Raum zum Wachsen.

Von christlicher Seite sollte zu denken geben, daß im Sprachgebrauch für die Angehörigen desselben Glaubens oder einer Ordensgemeinschaft die Bezeichnung Brüder und Schwestern üblich ist. Was heute zur leeren Formel erstarrt ist, hat bei dessen Einführung echte, neue Nähe, sogar Verwandtschaft ausgedrückt. Jesus hat die als Brüder und Schwestern bezeichnet, die ihm zuhören, ihn verstehen und wie er den Willen Gottes tun. (Vgl. Mk 3,35)

Dies klingt für manche zunächst recht hohl, doch gibt es tatsächlich ein tiefes Empfinden für die Nähe Gottes, das man unmittelbar beim anderen spürt und das Verstehen und eine sehr innige Verbindung schafft. Es gilt, was von der Begegnung mit den Heiligen gesagt wurde: Ein Raum der Ergriffenheit, der stillen Freude, der Einheit mit sich und dem anderen tut sich auf. Es gibt in der Tiefe der Seele einen Punkt, wo man sich selbst, dem anderen und Gott zugleich nah ist, und zwar nicht in symbiotischer Verschmelzung und Abhängigkeit, sondern in der Wahrung der Eigenständigkeit und Freiheit jedes einzelnen.

Ob die gewonnene neue Nähe Einengung und Unterdrückung oder sogar Aufgabe der eigenen Identität bedeutet oder ob Nähe in Freiheit möglich ist, an dieser Frage müssen die neuen Formen der Selbsterfahrung und der spirituellen Innenwege gemessen werden.

Als weiterer, sechster Punkt wird *Prozeß-bewußtsein* genannt. Es ist die Einsicht, daß Leben ständige Veränderung bedeutet. Der Wandel, der einem von der Lebensgeschichte und von den äußeren Umständen auferlegt wird, wird nicht als bedrohlich, sondern als Herausforderung der eigenen Lebendigkeit erlebt. Es ist das Gegenteil von Erstarrung in Routine, Formeln und Denken in Schablonen. Es beinhaltet die Bereitschaft zum Risiko, sich auf neue Erfahrungen einzulassen. Im Sprachgebrauch der spirituellen Schulen steht die Bezeichnung »Weg«, was dem Wort Prozeß (Prozeß kommt von procedere = voranschreiten) entspricht. Aus Japan sind einige ursprünglich spirituelle »Sportarten« bekannt, die auf Do enden, z. B. Ju-do, Aki-do und ähnliche. Do heißt Weg. Das beständige Üben öffnet Schritt für Schritt einen spirituellen Innenraum und den Zugang zu der überpersonalen Kraft »Ki« (japanisch) oder »Chi« (chinesisch),

welche dann die beabsichtigte Handlung aus-
führt.

Nach der Apostelgeschichte bekennt Paulus im
Vorhof des Tempels, er habe den *neuen* Weg bis
auf den Tod verfolgt (Apg 22,4) und meint damit
nicht eine abgehobene Lehre, sondern die neue
Lebensform mit den neuen Überzeugungen von
Gott. Im Johannesevangelium sagt Jesus von sich,
er sei der *Weg*. (Joh 14,6) Ganz gleich ob Jesus
dieses Wort so gesagt hat oder nicht, feststeht, daß
mit der Bezeichnung »Weg« die Erfahrung mit Jesus
verbunden wurde. Dies bedeutet Aufbruch, Wandel, Überraschungen, Entwicklung, Lebendigkeit.
Ausgeschlossen sind Erstarrung und Verhärtung.

Die siebte Qualität des Neuen Menschen heißt
Anteilnahme. Darunter wird eine unaufdringliche,
nicht moralisierende, nicht urteilende Form der
Zuwendung und Empathie verstanden.

Sofort fällt hier das Gleichnis vom barmherzi-
gen Samariter ein (Lk 16,25–37), das tatsächlich
Geschichte gemacht hat. Was es heute an gesund-
heitlicher Versorgung gibt, geht auf christliche
Wurzeln und auf das Beispiel des Mannes aus Sa-
maria zurück. Allerdings wurde das Gleichnis im
Raum des Christentums nur zur Hälfte verstanden. Man darf fragen: Warum nimmt Jesus, der
die Geschichte wahrscheinlich erfunden hat, gerade einen Samariter, einen von einem Volk, zu
dem eine traditionelle Feindschaft besteht? Doch
wohl um zu zeigen, daß einer von der ganz anderen Seite, mit dem anderen Glauben, auch zu einer guten Tat fähig ist, deshalb unsere Achtung

und Sympathie verdient und als Nächster zu lieben ist. (Vgl. Lk 10,37) Was die Nächstenliebe der Tat anbelangt – die Sorge um die Armen und Kranken – haben wir in der Christengeschichte große Helden und Heldinnen aufzuweisen. Was aber gegenseitige Toleranz, Einfühlung und Achtung auch den Vertretern eines anderen Glaubens und anderen politischen oder religiösen Richtungen gegenüber anbelangt, sieht es allerdings ganz anders aus. Beschämt müssen wir feststellen, welche Verletzungen Christen seit 2000 Jahren sich gegenseitig zugefügt haben. Ohne es zu wollen und ohne es wahrzunehmen kann man in der Art, wie man eine »Wahrheit« verkündet, Andersdenkende abstoßen, entwerten und verachten. Von der Kommunikationspsychologie kann man lernen, daß bei jeder Aussage auch eine Beziehung definiert wird, d. h. ob ich den anderen als ebenbürtig anerkenne oder ob ich mich über ihn stelle. Der obersten Kirchenleitung und den zerstrittenen kirchenpolitischen Richtungen wird vorgeworfen, daß sie diese Ebene nicht beachten. Außenstehenden erscheinen die Auseinandersetzungen unter Christen als die Fortsetzung des Streits der Jünger, wer der Größte von ihnen sei. (Vgl. Mk 9,33)

Der Neue Mensch, wie Rogers und Jesus ihn sehen, nimmt auch auf die Beziehungsebene, das bedeutet auf die Gefühle der anderen Rücksicht. Er wird die Wahrheit, die ihm so wichtig ist, dem anderen nicht um die Ohren schlagen, sondern sie ihm wie einen Mantel, in den er hineinschlüpfen kann, anbieten. Nächstenliebe besteht als erstes darin, die Entscheidung des anderen zu respektieren und seine Überzeugung und Lebensgeschichte zu verstehen.

Die achte Eigenschaft ist der *ökologische Aspekt*. Der Neue Mensch achtet die Natur, lebt mit ihr in Einklang und schützt sie. Im Neuen Testament ist auch dieser Punkt vertreten. Kein anderer als Paulus hat auch ein Herz für die Schöpfung. Er spürt das »Seufzen« der Kreatur und ist davon überzeugt, daß auch sie am verklärten Zustand der Kinder Gottes teilhaben wird. (Vgl. Röm 8,19–23) Im Rückblick betrachtet haben diese Gedanken des Apostels wenig Widerhall gefunden. Als Begründer einer christlichen Schöpfungsliebe gilt eher der hl. Franziskus von Assisi. Aber auch er und seine Schule konnten die geistesgeschichtliche Entwicklung des Abendlandes, die auf die Trennung von Geist und Gefühl, von Mensch und Natur hinauslief, nicht aufhalten. In der ökologischen Bewegung taucht jedoch, wie in vielen anderen Aufbrüchen der neuesten Zeit, ein verlorengegangener Keim der christlichen Wahrheit wieder auf.

Ein weiterer Punkt ist die *Ablehnung von Institutionen*, wenn sie überstrukturiert sind und sich gegen Menschen wenden. Hier schließen sich sofort die Kirchenkritischen mit der Feststellung an, daß damit der Zustand der Kirche getroffen sei. Jesus greift ja Verhärtung und Herzlosigkeit in der Auslegung der Gesetze an und ist alles andere als ein Freund eines seelenlosen Apparates. Allerdings darf man von einer Veränderung der Strukturen, wie das häufig gefordert wird, nicht allzuviel erwarten. Wenn sich nicht Menschen ändern, wird der alte Geist der Beziehungslosigkeit, der Kälte, der Gleichgültigkeit auch in neue Räume einziehen.

Eine echte Wandlung geht nicht ohne die Stärkung der *inneren Autorität*, welche ebenfalls ein Kennzeichen des Neuen Menschen ist. Damit hängt das Vertrauen in die eigenen Erfahrungen zusammen. Während diese heute im Raum der Kirche eher gegen Tradition und äußere Autorität verteidigt werden müssen, war es in den ersten Jahrhunderten genau umgekehrt. Es war der Vorwurf der Heiden an die Christen, daß sie die alten religiösen Traditionen mißachten.[24] Paulus beruft sich auf seine ganz persönliche Erfahrung, daß »ihm Gott seinen Sohn offenbarte« (Gal 1,16). Allerdings gehört zu einer echten inneren Autorität auch die Bereitschaft, seine (religiösen) Erlebnisse und Überzeugungen kritisch zu überprüfen, durchaus auch an dem, was die Tradition sagt. Die Geschichte des Christentums kennt zu viele Gruppen und einzelne, die eine Augenblickserleuchtung schon für die absolute Wahrheit halten und sie mit Fanatismus verteidigen und auszubreiten versuchen. Eine echte innere Autorität jedoch ist gelassen; selbstkritisch weiß sie auch um die Einwände und um die noch nicht geklärten eigenen Anteile. Sie kann auch andere Meinungen gelten lassen.

In zwei weiteren Punkten nähert sich Rogers dem Christlichen. Zum Neuen Menschen gehört die *Unwichtigkeit materieller Dinge*, Gleichgültigkeit gegenüber materiellen Anreizen und Belohnungen, gegenüber Geld und Statussymbolen.

Damit verbunden ist die *Sehnsucht* nach dem Spirituellen. Es wird etwas gesucht, das größer ist als das Individuum. Es geht um Bewußtseinszustände, welche die Einheit und Harmonie mit dem Universum zum Inhalt haben.

Niemand wird bestreiten, daß hier von einer ganz anderen Seite Werte des Urchristentums auftauchen, die man in der Bergpredigt wie beim hl. Franziskus findet. Wer wie Jesus in einer Wiesenblume mehr Schönheit sieht als im Prachtschloß des orientalischen Fürsten Salomo und wer auch den Feinden Achtung und Würde schenkt, der hat etwas begriffen von der Einheit und Harmonie des Ganzen bzw. des Universums. Der Lobgesang des hl. Franziskus auf die Schönheit und Nähe Gottes in allen Geschöpfen atmet diesen Geist. Neben Rogers sollten wir bei der Vorstellung des Neuen Menschen auf den Begründer der Tiefenpsychologie Carl Gustav Jung zurückgehen. Nach seinen Beobachtungen an Patienten geht der Prozeß der inneren Entwicklung auch nach einer Behandlung weiter. Er kommt zu dem Schluß, daß es eine Dynamik der Entfaltung zum größeren Umfang der Persönlichkeit gibt, die nicht dem Bewußtsein und der Willkür unterworfen ist und eigentätig wirkt. Weil er diese Instanz im Unterschied zum Ich das »Selbst« nennt, spricht er von Selbstwerdung. Sie ist gleichbedeutend mit Individuation.

Im Grunde geht es hier auch um einen Neuen Menschen, der primär aus den geistigen Schichten des Unbewußten lebt, wo die vitalen Anteile mit-leben dürfen, aber nicht mehr eine verwirrende und zerstörende Macht ausüben. Individuation meint die volle Ausprägung des ganz Eigenen, was nicht mit Eigensinn und Egoismus verwechselt werden darf. Das ganz Eigene, das hier gemeint ist, ist meist Ergebnis eines längeren Suchprozesses. Es hat mit unserer tieferen Seelensubstanz zu tun. Was wir als das Eigene erkannt haben – eine Aufgabe, einen Beruf oder auch eine Idee, eine Begegnung mit einem anderen Menschen – gibt uns Kraft oft sogar zu heroischen Taten. Wenn wir deshalb im Prozeß der Selbstwerdung Frem-des und Übergestülptes ablegen und bis zum Kern unseres Wesens vordringen, nehmen wir an inne-rer Sicherheit und Lebendigkeit zu. Wie von selbst erwachsen in uns die von Rogers beschriebenen Qualitäten des Neuen Menschen. Wir werden kontaktfähiger und angstfreier. Der erwähnte grö-ßere Umfang der Persönlichkeit besagt, daß wir die dunklen Seiten in uns, welche Ängste erzeu-gen und echte Kontakte verhindern, zumindest zum Teil erhellt haben. Dies schließt eine stärkere Dichte der Ausstrahlung und den klareren Über-blick mit ein. Der abgehobene Intellekt muß sich mit der Welt des Irrationalen, der Instinkte und der spirituellen Erfahrung verbinden.

Im Hinblick auf den Stand der geistesgeschicht-lichen Entwicklung heißt das: Der Mensch der Aufklärung muß sich mit dem des Mittelalters, sogar mit dem noch älteren archaischen Menschen in sich versöhnen. Das große Interesse für die Ureinwohner Amerikas, die reiche Literatur und die vielen Begegnungen mit ihnen zeigen, daß der westliche Mensch tatsächlich etwas von deren Instinkten und Nähe zur Natur braucht. Ähnlich ist es mit der spirituellen Kraft, die wir Europäer heute bei asiatischen Religionen suchen, die wir aber im Mittelalter einmal hatten.

Die esoterische Überschwemmung aus diesen Kulturen ist deshalb möglich, weil beim europäischen Menschen in Bezug auf Religion, Instinkte und Gefühle eine Leerstelle ist. Die von Jung gemeinte und praktizierte Bildung der Persönlichkeit hat zum Ziel, diese Leerstelle mit den Inhalten der eigenen unbewußten Seele zu füllen. Das bedeutet: mit dem, was die Träume an Bildern und neuen Erkenntnissen hervorbringen. Der archaische Mensch ist ja in uns selbst. Er soll mitleben dürfen aber in Bewußtheit.

Der Neue Mensch: Nur Utopie?

Im New-Age-Lexikon wird die Vorstellung Rogers vom Neuen Menschen als Utopie oder als visionäre Leitidee bezeichnet. Dies klingt nicht gerade ermutigend; denn in der Geschichte gab es genug (politische) Utopien, die zu verwirklichen nie gelungen ist, die aber zahllose Opfer gekostet haben. Sollen wir also wieder etwas anstreben, was sich nie erreichen läßt?

Wir dürfen nicht vergessen, daß die Qualitäten, die Rogers anführt, aus seiner Erfahrung mit

Menschen in seinen Encounter-Gruppen und in persönlicher Begleitung stammen. Ebenso ist das, was Jung über die Entwicklung der Persönlichkeit sagt, Ergebnis seiner Beobachtungen an Patienten über Jahrzehnte.

Auch sind die Zeugnisse des frühen Christentums und der großen Gestalten der christlichen Geschichte sowie anderer Religionen nicht aus der Luft gegriffen, sondern spiegeln den Denk- und Erlebnishorizont außerordentlicher Menschen wider. Um noch einmal auf den Sonnengesang des hl. Franziskus zurückzukommen; er drückt die innere Welt und die Qualitäten dieses Mannes aus: die Tiefe des Spirituellen, die Nähe zur Natur, die Nähe zu den Menschen und die Überwindung des Todes.

Bleibt aber immernoch die Frage der Verwirklichung. Der hl. Franziskus hat viele Bewunderer und Verehrer, aber wenige, die überzeugend so leben wie er. Zudem weigern sich viele, Idealen nachzurennen, die anscheinend nicht zu verwirklichen sind. So macht sich Skepsis und Ratlosigkeit breit.

Genau hier setzen die esoterischen Schulen und neureligiösen Bewegungen an. Sie haben die *Transformation* in ihrem Programm. Sie kennen Mittel und Wege, um aus alten neue Menschen zu machen. Die Methoden – von Außenstehenden »Techniken« genannt – bestehen darin, dem einzelnen außerordentliche Erlebnisse zu verschaffen, die gerade seiner inneren Leere, Trauer oder Einsamkeit entsprechen und ihn auf diese Weise auf eine neue Spur der Lebenseinstellung und Gestaltung führen. An den Kriterien vom »Neuen Menschen« gemessen gewinnt das Mitglied einer Sekte zwar gewaltig an Gefühlen der Nähe und Gemeinsamkeit, an Skepsis gegenüber den Wissenschaften, vielleicht sogar an ökologischem Bewußtsein, verliert aber seine innere Autorität. Es gibt seinen gesunden Verstand ab und die Fähigkeit, eigenständig zu denken und über sich selbst zu bestimmen. Ganz zu schweigen vom totalen Mangel an Offenheit gegenüber anderen Weltanschauungen und religiösen Gruppierungen.

Daß es auf das Erleben und nicht auf die Belehrung ankommt, wenn Menschen sich wandeln sollen, diese Wahrheit scheint in den traditionellen christlichen Gemeinschaften meist vergessen worden zu sein. Umso mehr müßte man danach suchen, wie man die Kunst und die Kraft der frühen Kirche, eine »neue Menschenart zu schaffen«, zurückgewinnen kann.

Hier sollten wir nicht unbedingt von den Sekten lernen, aber sehr viel von den ernsthaften Psychotherapeuten, die sich mit Heilung, Wachstum und Entwicklung der Persönlichkeit beschäftigen. Gerade die erwähnten Namen Carl Rogers und C.G. Jung weisen einen gangbaren Weg.

Er kann kurz noch einmal so beschrieben werden: In uns selbst ist die Dynamik einer heilenden und wandelnden Kraft. Jung hat aufgrund seiner Beobachtungen von Träumen und Prozessen des Unbewußten bei seinen Patienten nachgewiesen, daß dieser Impuls zur größeren, umfassenderen

Persönlichkeit in der Tiefe der Seele vorhanden ist. Es ist eine Instanz jenseits unserer Bewußtseinsgrenze. Sie ist Bild Gottes und Gefäß der göttlichen Gnade. Sie ist gleichbedeutend mit dem religiösen Archetyp, welcher als Organ der Gotteserfahrung zugleich eigentätig die Entwicklung zur Ganzheit, zu einer differenzierten Individualität, zu einer neuen Nähe zu den Menschen und zur Natur bewirkt. Jung geht von einer geistigen Mitte jenseits unseres Bewußtseins aus, die diesen Prozeß von sich aus als geistige Kraft in Bewegung setzt, das innere Chaos ordnet und Unteres und Oberes, d. h. die materielle, die emotionale, die rationale und spirituelle Ebene zu einer Einheit verbindet. Diese Instanz ist nicht nur Zentrum für den Einzelnen, sondern für alle, die daran angeschlossen sind. Für Christen ist an diesem Punkt Christus, Mitte und »Haupt« der Gemeinde.

Bei Selbsterfahrungskursen mit Träumen, die ich regelmäßig veranstalte, vollzieht sich ein Prozeß, in dem jeder einzelne sein eigenes Traumthema bearbeitet, wo sich Spannungen lösen, wo Begegnungen stattfinden und Nähe aufbricht; man gewinnt den Eindruck: je mehr jede/r einzelne sie/er selbst wird, umso mehr entsteht Gemeinschaft. Es wird immer wieder bestätigt, daß der Punkt, der von Innen her erlöst, für alle derselbe ist. In ihm ist die Dynamik der Persönlichkeitsentfaltung.

Auslöser des Prozesses sind meistens Einbrüche in das gewohnte Leben durch Krankheit, Trennung oder andere Krisen, welche sich um die Lebensmitte ereignen. Sie zwingen, uns von äußeren Lebensinhalten zurückzuziehen, uns voll dem Innen (griechisch eso) zuzuwenden und ganz dem nachzugehen, was das Eigene ist. Dabei geschehen oft spirituelle Neuheitserfahrungen, welche die bisherigen Wertmaßstäbe in Frage stellen. Ohne ein solches Ereignis ist die Wende im Leben des hl. Franziskus und vieler anderer großer Heiliger nicht zu verstehen. Auch von Jesus wird ein solches berichtet: »da öffnete sich ihm der Himmel« (Mt 3,16). Auch er zog sich in die Wüste zurück.

Die Nachfolge Jesu und die des hl. Franziskus beginnt dann wirksam zu werden, wenn in uns ein ähnlicher Prozeß angestoßen wird. Es wurde schon gesagt, daß man Erlebnisse nicht machen kann, aber daß man sich für sie bereiten, d. h. Dinge tun kann, die in ihre Nähe führen. Dies geschieht dann, wenn wir uns mit uns selbst konfrontieren. Wir sollten bei einem Konflikt unsere eigenen Anteile sehen, statt unsere negativen Seiten auf andere zu projizieren. Wir werden dann der Not, Einsamkeit, Leere in uns selbst nicht mehr davonlaufen.

Als hilfreich hat sich die schon erwähnte Arbeit mit Träumen erwiesen. Sie enthalten Bilder, deren Energie uns beim richtigen Verstehen zufließt. Auf diese Weise ergibt sich die Möglichkeit, Einfluß auf den unbewußten Teil unserer Seele zu nehmen und die Entwicklung des zukünftigen, größeren Menschen zu fördern.

Der Neue Mensch ist in diesem Sinn keine Utopie, die nie erreicht wird, sondern kann – gewiß in unterschiedlichen Abstufungen – Realität werden. Voraussetzung ist, daß in uns die Dynamik des Werdeprozesses geweckt wird.

III. Esoterik: Die existentielle Falle

Auslöschung der Individualität?

Bei ernsthaften, esoterischen Ansätzen ist oberstes Ziel die Wandlung des Menschen zur Einheit mit sich selbst, mit dem Kosmos und mit Gott. Eine Einführung in die Mysterien, die sogenannte Initiation soll diesen Prozeß bewirken. Der Schüler, Adept oder Initiant genannt, soll sich für eine höhere Welt öffnen und deren Kräfte erfahren und dadurch zu einem neuen Menschen werden.

Die Frage wird immer sein: Wie sieht der Mensch aus, der dabei herauskommt? Im New-Age-Wörterbuch finden wir zu diesem Thema beim Stichwort Buddhismus folgende Aussage: »Endziel ist die absolute und endgültige Auslöschung der Individualität ohne Bewußtseinsverlust – ein Zustand, in dem aller Schmerz, alles Leiden, geistige Qual und Wiedergeburt zu existieren aufhören.«[25]

Der Ausdruck »die absolute und endgültige Auslöschung der Individualität« stößt nicht nur bei Christen auf Widerstand. Wie immer man das Gesagte interpretieren mag – christlichen Raum ist die Ausprägung und nicht die Auslöschung der Individualität Ziel des menschlichen und spirituellen Strebens.

Es wurde gesagt, daß Nähe und Einheit nur dann eine Lösung für das Problem der Einsamkeit werden, wenn die Freiheit gewahrt bleibt. Das ist nur möglich, wenn der triebhafte Bereich des Unbewußten zum geistigen Erleben transzendiert wird. Die große Leistung Jungs war es, daß er hinter der Triebdynamik der unbewußten Seele noch eine Geistesdynamik entdeckt hat. Das heißt: Der Mensch findet dann seinen Sinn und die Erfüllung seines Lebens, wenn er sich auf die Erfahrung des Transzendenten einläßt. Es geht um ein Eintauchen in den geistigen Grund der Seele und der Welt, nicht aber um Aufgabe des Ich als Zentrum der Bewußtheit und der Selbstbestimmung. Der Begriff vom Auslöschen des Ego soll in diesem Zusammenhang genauer betrachtet werden.

Eine Frau, die regelmäßig meditiert, kommt zum Gespräch. Sie beklagt sich, daß sie gerade in der Weihnachtszeit aus ihrer trüben Stimmung nicht herauskomme. In den Unterweisungen beim Sesshin sei ständig vom Loslassen des Ich die Rede gewesen. Das versuche sie jetzt, indem sie sich zurücknimmt, immer nachgibt und das tut, was ihr Mann wünscht. Trotzdem werde sie ständig trauriger. Offensichtlich hat die Frau einiges total falsch verstanden, oder der Leiter der Meditation hat die Akzente nicht richtig gesetzt. Wer den Weg nach innen gehen will, braucht ein starkes Ich. Gerade die Bedrohungen und Ängste, denen man dabei ausgesetzt ist, erfordern es. Zuerst sollte ein Mensch lernen, sich abzugrenzen, »ich« zu sagen, den Raum seiner Lebensmöglichkeiten entdecken; er sollte sich eine feste Disziplin auferlegen und sich die Fähigkeit zur Konzentration aneignen. Häufig wird in esoterischer Literatur das Buch von Herrigel »Zen in der Kunst des Bogenschießens«[26] angeführt, um auf das Aufgeben des Ich hinzuweisen. In Wirklichkeit verlangt die Übung des Bogenschießens höchste Konzentration, ebenso wie das Sitzen im Stil des Zen. Dazu muß das Ich voll funktionsfähig sein. Bei aller berechtigten Rede über das Ich-Vergessen handelt es sich bei Herrigel nicht um eine Auslöschung des Ich, sondern um den vollen Kontakt mit der sonst unbewußten Ki-Kraft, die aus der Position des Selbst die Führung übernimmt und das Ich von der eigenen Anstrengung befreit. Im Grunde wird das Ich nicht ausgelöscht oder vergessen, sondern auf eine höhere Ebene gehoben, wo die alten Gegensätze Einsamkeit und Nähe, Ablehnung oder Wertschätzung ihre Bedeutung verlieren.

So sehr der Wert der Stille, den der Osten pflegt, zu schätzen ist, so kann das Sitzen und Schweigen nur die eine Seite eines spirituellen Innenweges sein. Zur Ganzheit gehört auch das Wort. Das, was in einem vorgeht, auszusprechen und zu verstehen ist die Grundlage der Begegnung von Mensch zu Mensch, der Bewußtwerdung und der Persönlichkeitsbildung. Wir brauchen die Stille, um in die Tiefe der Existenz zu kommen; wir brauchen für die Selbsterfahrung aber genauso die

Sprache. Man kann häufig hören: Östliche und westliche Heilswege führen zum selben Ziel. Man muß jedoch auch dazusagen: *Es ist nicht derselbe Mensch, der dabei herauskommt.*

Es geht nicht darum, das eine gegen das andere auszuspielen oder auszutauschen, sondern darum, die in der Zeit der unmittelbaren Begegnung der Kulturen nötige Ganzheit zu erreichen. Nach den Worten des Zenmeisters Ichiro Okumura hat der Westen die Kultur des Wortes, der Osten die Kultur der Stille hervorgebracht. Wie der Westen die Stille braucht, damit das leergewordene Wort wieder an Kraft gewinnt, so braucht der Osten die Kultur des Wortes, um sich zu artikulieren und zu reflektieren. Miteingeschlossen ist dabei die Überwindung des schrankenlosen westlichen Individualismus, ebenso auch die Entwicklung des östlichen Menschen zur eigenen Individualität (Im Japanischen gibt es kein Wort für Ich). Es geht nicht um Konkurrenz, sondern um Ergänzung, was schließlich mit Ganzheit zu tun hat. Der christliche Innenweg besagt nicht Individualismus, sondern Verbundenheit und Nähe in menschlicher und spiritueller Tiefe, ein solidarisches Miteinander aber in Abgrenzung und Freiheit.

Psychische Inflation: Die Aufblähung des Ich

Der Weg der Individuation führt zunächst in die Tiefe und in die Dunkelheiten des menschlichen Daseins. Es ist die Konfrontation mit den negativen Eigenschaften, mit den Defiziten der Persönlichkeit, ebenso mit Krankheit, Leid und Tod. Zunächst ist es ein Abstieg, wozu das kleine Ich Stütze und Begleitung braucht.

Der Innenweg wird falsch, wenn man meint, sich den Abstieg nach unten, d. h. in die nüchterne Sicht der Wirklichkeit, in das Austragen von Einsamkeit und Leid ersparen zu können, und man ständig nur von einem Gipfel zu noch höheren Gipfeln fortschreiten möchte. Das bedeutet konkret: Alle Angebote, die vorzüglich mit Ekstase und Erleuchtungserlebnissen werben, sind verdächtig. Eine Therapeutin berichtet von Klienten, die mit ihren in indischen Ashrams gemachten Erleuchtungserlebnissen nicht zurechtkommen. Sie finden den Anschluß an die bisherigen Bezugspersonen, Lebenspartner und Freunde nicht mehr, noch weniger einen angemessenen Arbeitsplatz. Die Suche nach High-Erlebnissen kann zur Sucht werden und lebensuntüchtig machen. Jung spricht von der *Inflation des Bewußtseins*.

Damit meint er einen Zustand bei Menschen, die von sich höchst eingenommen sind, die ihren eigenen Horizont für das Maß aller Dinge halten, die glauben alles und jedes zu wissen und beurteilen zu können. Ohne jede eigene Lebenserfahrung unterschätzen und entwerten sie die anderen. Von sich selbst wie hypnotisiert lassen sie nicht mit sich reden. Sie glauben einzigartig und für höchste Ziele erwählt zu sein. Doch auch die gegenteiligen Gefühle von übertriebenem Unwert und tiefster Minderwertigkeit können zur Inflation gehören. Wörtlich heißt der Begriff »Aufblähung«. Sie ist die Gefahr bei sogenannten Psychotechniken. Gemeint ist: Durch bestimmte Übungen, z. B. holotropes Atmen[27], strömt eine gewaltige Energie in das Bewußtsein. Man fühlt ungeahnte Kraft und überschätzt sich leicht selbst und seine eigenen Möglichkeiten.

Es sei noch einmal verwiesen auf die zu Beginn erwähnte schamanistische Behandlung. Es wäre falsch, von Aberglauben zu reden oder von bloßem Humbug, der nur in der Fantasie existiert. Es trat tatsächlich eine Wirkung ein, aber die einer Inflation des Ich; in der Sprache der Psychiatrie ausgedrückt: Die Frau fiel in eine Psychose, in einen Zustand der Manie.

Inflation ist immer dann gegeben, wenn Menschen mit einem Dauerlächeln ihre felsenfesten Überzeugung anderen einzureden versuchen; wenn sie weder Argumenten zugänglich noch bereit sind, eigene Positionen kritisch zu überprüfen. Es ist oft merkwürdig, wie junge oder nicht mehr ganz junge Leute, die von Religion nie etwas wissen wollten, plötzlich mit glühendem Eifer neue religiöse Überzeugungen vertreten. Die Frage ist immer, inwieweit sie noch sie selbst sind, oder inwieweit etwas abläuft, das eher einer Schablone gleicht als dem Ausdruck der Persönlichkeit.

Das Faszinierende an der psychischen Inflation ist, daß sie in Euphorie versetzt, daß sie den einzelnen seiner Einsamkeit und der Last eigener Entscheidungen entreißt, daß sie die Einheit schafft, nach der sich Menschen in ihrer Zerrissenheit und in ihrem Verlorensein sehnen. Aber es geht auf Kosten der freien, eigenständigen Persönlichkeit. Im Grunde wird die Angst nicht überwunden, sondern erzeugt Projektionen von Feindbildern; es kommen absurde Vorstellungen auf, etwa, daß alle anderen, die nicht zur Gruppe gehören, verloren oder absolut böse sind und sie vernichten wollen. Auf jeden Fall sind sie als Unerleuchtete der Verachtung wert. Mit diesen psychologischen Mechanismen muß eine religiöse Gemeinschaft immer dann rechnen, wenn sie besonderen Eifer und intensiven Zusammenhalt entwickelt. Andererseits läßt sich beobachten, daß durch wachsende Bereitschaft, mit anderen religiösen und weltanschaulichen Gruppierungen ins Gespräch zu kommen, die inneren Bindungen nachlassen. Oft zeigt sich, daß es eher Gruppendruck aufgrund eines gemeinsamen überhöhten Ideals war, was die Mitglieder zusammenschloß, als authentische Beziehungen von Mensch zu Mensch.

Gnosis: Von der Selbsterfahrung zur Selbstüberschätzung

Es wurde schon gesagt, daß die Gnosis im Altertum eine philosophisch religiöse Bewegung war, die in Konkurrenz zum jungen Christentum stand und es sogar beeinflußte. Sie wurde von christlichen Theologen bekämpft, weil sie die eigene Erfahrung über die Zeugnisse der Hl. Schrift stellte. Jung hat anhand einer gnostischen Schrift aus dem zweiten Jahrhundert, den sogenannten Johannes-akten, auf die Gefahr der Inflation hingewiesen. Bei diesem Text geht es um eine Vision des Petrus, die er vor seiner Kreuzigung hatte. Es besteht der Eindruck, so Jung, als ob das Licht alle Dunkelheit verschlungen hätte.

Wie die erleuchtende Vision über der konkreten Kreuzigung steht (wörtlich heißt es: »von allem sinnlich Wahrnehmbaren haltet eure Seelen fern, von allem Erscheinenden, da es nicht wirklich ist!«), so steht der Erleuchtete über der gestaltlosen Volksmenge. Der Text sagt: »Darum kümmere dich nicht um die große Menge und verachte die, welche außerhalb des Geheimnisses stehen!«[28] Jung sieht diese Haltung als typischen Fall der Inflation. Sie entsteht dadurch, daß sich der Erleuchtete mit seinem Licht identifiziert, d. h. sein Ich mit dem Selbst, das als überragende Mitte und Einheit der Person und der Welt umschrieben wurde, verwechselt und sich über seine eigene Dunkelheit und über alle Nichterleuchteten – »die große Menge und die, die außerhalb des Geheimnisses stehen« – erhaben dünkt. Der Verfasser der Schrift vergißt, daß seine Erleuchtung ihm nur dann ihre Dienste leistet, wenn sie ihm hilft, seine eigene Dunkelheit zu erkennen.

Das bedeutet, Gipfelerlebnisse dürfen nicht Selbstzweck sein, sondern sollten Anstoß und Impuls sein, sich wieder auf den beschwerlichen Weg nach unten bzw. innen zu machen.

Die eigene Dunkelheit erkennen heißt selbstkritisch sein, sowohl in bezug auf die eigene Person wie auf die Gruppe und deren Überzeugungen. Erst die Bescheidenheit schafft die Grundlage für das Gespräch mit Andersdenkenden und für gegenseitige Achtung und Toleranz.

Nach Jung sind ziemlich alle neureligiösen Bewegungen unter dem Stichwort Gnosis einzuordnen; er nennt Theosophie, Anthroposophie und die neu-gnostische Kirche in Frankreich. Heute dürfen wir die Vielzahl der Sekten, unter ihnen das »Universelle Leben« dazurechnen. Deren Aufblühen scheint die Meinung Jungs zu bestätigen, daß das moderne Bewußtsein im Gegensatz zum 19. Jahrhundert sich mit seinen intimsten und stärksten Erwartungen der *Seele* zuwendet und zwar nicht im Sinne irgendeiner traditionellen Konfession, sondern im gnostischen Sinn. Der moderne Mensch will nicht glauben, sondern wissen, das heißt Urerfahrung haben.[29]

Der Größenwahn des Bhagwan Shree Rajneesh

Ein eindeutiger Fall einer psychischen Inflation ist der schon erwähnte Begründer der Sanyasin, Bhagwan Shree Rajneesh.

Seine »Philosophie« ist eine Mischung aus altindischer religiöser Tradition und modernen therapeutischen Techniken amerikanischer Herkunft. Geschickt verstand er es, die Dynamik des Verdrängten und Angestauten bei den von der westlichen Zivilisation Enttäuschten zu öffnen. Bei den

Treffen um den Meister brachen regelrechte Begeisterungsstürme aus. Seine Absicht war, bei seinen Anhängern sowohl der vitalen Seite, nämlich Sex und Aggression, als auch der spirituellen zum vollen Durchbruch zu verhelfen und dies im vermischten Zustand. Der Akzent von Bhagwans Theorie liegt auf dem Erleben und auf Wandlung des einzelnen. Das klingt zunächst harmlos. In Wirklichkeit geht es um die Auflösung der Identität, um Abbau der Persönlichkeitsgrenzen und des Intimraumes. Die Praktiken, die von dem Journalisten Jörg A. Elten beschrieben werden, lassen keinen Raum für freie Entscheidungen. »Es ist keine Zeit darüber nachzudenken«[30], steht an einer Stelle, wo er beschreibt, wie eine Übung die andere jagt und wie der Leiter die Teilnehmer in immer stärkere Erregung hineintreibt. Was dabei herauskommt, sind Menschen, die aufgeladen sind mit Energie, »von Liebe« erfüllt, die aber die Fähigkeit zum kritischen Denken und zu echter zwischenmenschlicher Begegnung verloren haben und es nicht einmal merken. Nach Berichten soll es heute in Poona für die Sanyasin bestimmte Tage geben, wo alle auf Befehl nur traurig sind, und andere, wo alle nur lachen.

»Liebe ist nicht Zweierbeziehung. Liebe schließt alle Menschen ein, ist freier Fluß der sexuellen Energie«, so steht es im Tagebuch einer Teilnehmerin.[31] An anderer Stelle während einer Pause spürt Elten eine maßlose Einsamkeit.

Bhagwan behauptet immer, daß es ihm um das Göttliche gehe. Es sei im Menschen selbst. Deshalb brauche man nicht irgendeinen Gott anbeten. Von den Mystikern des Ostens wie des Westens wird die Seele mit einem Tropfen verglichen, der ins Meer fällt. Angelus Silesius sagt: »Das Tröpflein wird zum Meer, wenn es ins Meer gekommen, die Seele Gott, wenn sie in Gott ist aufgenommen.« Der indische Meister drehte das Verhältnis um: Der Ozean fällt in den Tropfen! Damit wird jeder Tropfen zum Ozean! An keiner Aussage wird der Vorgang der Inflation des Meisters deutlicher. Tatsächlich war es auch so, daß er bald wie ein Gott verehrt wurde. Es wird berichtet, daß er 120 Rolls Royce besaß, daß er sich die zweihundert Meter von seinem Zimmer zur Buddhahalle in einem solchen fahren ließ. Seine Anhänger behaupten zwar, er habe das nicht getan, um seine Größe zu zeigen, sondern nur um sie zu schockieren und ihr Gedankensystem zu durchbrechen. Was immer das Motiv gewesen sein mag, in beiden Fällen kommt eine nicht geringe Selbstüberschätzung zum Vorschein. So etwas wie Ehrfurcht vor jedem Menschen, gerade weil in ihm das Göttliche wohnt, war ihm fremd.

So waren ihm und seinen Freunden die negativen Folgen seiner sogenannten Therapien ziemlich gleichgültig. Eine Psychologin, die ein Jahr in Poona war, berichtet, daß sie bei einem Darshan (Versammlung) in die Augen dieses Mannes geblickt habe. Sie waren eiskalt und erschreckend. Dieselbe Frau hatte vor ihrem Poona-Aufenthalt als Therapeutin erfolgreich gearbeitet. Seitdem aber hatte sie schon sieben Psychosen und mußte in einen anderen Beruf umsteigen.

Das Phänomen »Bhagwan« ist inzwischen abge-
klungen, nicht aber die Problematik unserer Zeit,
die die Sanyasin-Bewegung wie in einem Brenn-
glas gesammelt und gespiegelt hat. Da treffen sich
aus der ganzen Welt Menschen aus führenden
Berufen, Manager, Professoren, Lehrer, Ärzte, Psychologen, um ihrem entleerten und sinnlosen Leben eine Wende zu geben. Heute nach 25 Jahren
fühlen sich die meisten betrogen. Man muß aber
in aller Nüchternheit die Frage stellen: Wo im
christlichen Raum gibt es Orte, wo Menschen eine
»Wiedergeburt«, »eine Neuheit des Lebens« in
dieser Radikalität erfahren könnten?

IV. Esoterik: Die Innenseite des Christentums

Ohne Zweifel steht heute Esoterik in starker Konkurrenz zu den Kirchen und zur Theologie. Einem schwindenden christlichen Glauben steht eine erstarkende Bewegung gegenüber, die den modernen Menschen mehr fasziniert als die Riten der traditionellen Frömmigkeit. Man darf einen Grund darin vermuten, daß für die meisten, die abseits von der Kirche stehen, Glauben gleichgesetzt wird mit dem *Fürwahrhalten von Glaubenssätzen* und dem *Einhalten von Normen*. Sie tun sich schwer mit einer für die Menschen aller Zeiten ergangenen Offenbarung, sie möchten lieber ihre eigene im Hier und Jetzt erleben. Sie geben deshalb lieber den neuen Heilswegen, die ihnen die Erfahrung von Neuem und Ungewohntem erschließen, den Vorrang.

Man sollte das Bedürfnis heutiger Menschen nach Erfahrung des Religiösen nicht von vornherein entwerten, sondern es könnte im Gegenteil ein Ansatz für einen neuen spirituellen Aufbruch in der Kirche sein.

Es käme darauf an, darin die Sehnsucht nach Echtheit und Wahrhaftigkeit des Lebens, nach einer Tiefendimension, welche die *Leere* und Öde des Daseins durchbricht, und nach einer Orientierung, die trägt, zu erkennen.

Weil das Christentum in seinem wesentlichen Kern keine Lehre ist, sondern eine ganz und gar personale Beziehung zu Christus, sollte man als erstes bei den personalen Bezügen der Menschen ansetzen. D. h. das Eigentliche, nämlich Glaube, Hoffnung und Liebe, kann nicht als Lehrinhalt, sondern müßte wesentlich über Begegnung und Erleben vermittelt werden. Konkret heißt das: Wir sollten gerade im Zusammenhang mit Esoterik jeden Menschen mit seiner Suche und mit seiner Überzeugung ernst nehmen, wie absurd sie uns auch erscheinen mag. Es würde uns ein gutes Stück weiterbringen, wenn wir uns der Frage stellen: Wie reagiere ich, wenn jemand sagt: »Ich weiß, ich habe schon einmal gelebt!«? Versuche ich, ihm oder ihr diese Überzeugung als Unsinn auszureden oder sie zu achten, selbst wenn ich sie nicht verstehen kann? Wenn mir dies gelingt, beginnt eine personale Beziehung, welche den Kern von Glaube, Hoffnung und Liebe enthält. Für Johann Baptist Metz hat jede zwischenmenschliche Begegnung etwas Esoterisches an sich, d. h. etwas, das nur für den »Eingeweihten« zugänglich ist, weil jeder Mensch sich in seiner Subjektivität nur nach eigenem Ermessen öffnet. Die Begegnung zweier Menschen bleibt für Außenstehende immer ein Geheimnis, in diesem Sinn esoterisch. In Bezug auf Gottes personale Liebe verschärft und vertieft sich sogar das Esoterische; denn was zwischen einem Menschen und Gott vorgeht, kann außer den beiden niemand ergründen.[32] Wenn Esoterik in diesem Sinn verstanden wird, dann ist in den Ursprüngen des Christentums bei Jesus und den Jüngern in den ersten christlichen Gemeinden das esoterische Element zu vermuten.

Der »Einweihungsweg« Jesu

Die Bezeichnung »Esoterik« bzw. »esoterisch« muß von seinem ursprünglichen Wortcharakter her keine entwertende Bedeutung haben. Verstanden als die Innenseite des Christlichen kann sie sogar neue, ungewohnte und deshalb interessante Aspekte liefern. Ein zentraler Begriff im Bereich der Esoterik ist – wie oben schon gesagt – die *Einweihung, Initiation* oder der *Einweihungsweg;* diese/r ist meist ritualisiert mit Belehrungen und harten Prüfungen, d. h. mit Neuheitserfahrungen verbunden. Im tieferen und eigentlichen Sinn geht es um eine innere Entwicklung, die durch verschiedene Stufen oder Abschnitte gekennzeichnet ist. Christliche Mystiker (Bonaventura) haben in Anlehnung an Plotin vom Weg der Reinigung (via purgativa), der Erleuchtung (via illuminativa) und vom Weg der Einung (via unitiva) gesprochen. Diese Grade sind weniger als hierarchische Gliederung zu verstehen, sondern eher als Übergänge zu einem immer tieferen Verstehen. Um dies anschaulich zu machen: Die Bücher von Graf Dürckheim sind für einen, der sich nie mit Zen beschäftigt hat, meist unverständlich; ein Anfänger kann vielleicht ahnen, worum es geht, aber richtig mit Gewinn kann man sie erst nach Jahren der Übung des Sitzens lesen. Das sogenannte Geheimwissen der Esoterik wird nicht absichtlich verborgen gehalten, aber die Schriften sind nur solchen verständlich, die schon ähnliche Erfahrungen kennen. Nur im erlebten Nachvollzug kann der Sinn aufgehen. Das wichtigste Kennzeichen des Innenweges ist, daß das Göttliche als eine *innere*, hinter und über dem Ich liegende *Instanz* erfahren wird, nämlich als ein Ergriffensein, als ein inneres Erglühen. Gott in der Tiefe der Seele ist das Thema der großen Mystiker innerhalb und außerhalb des Christentums.

Man kann nun das historische Leben Jesu unter dem Aspekt des Einweihungsweges betrachten. Alle Evangelisten berichten, daß sich Jesus von Johannes taufen ließ und daß damit auch eine besondere Erfahrung verbunden war. »Und als er aus dem Wasser emporstieg, sah er im selben Augenblick den Himmel sich auftun und den Geist wie eine Taube auf sich herabschweben« und eine Stimme aus dem Himmel erscholl: »Du bist mein geliebter Sohn, an dir habe ich mein Wohlgefallen.« (Mk 1,10; vgl. auch Mt 3,16, Lk 3,21f)

Nimmt man Jesus in seinem Menschsein ernst, war dies das Schlüsselerlebnis für sein Selbstverständnis. Es liegt auf der Linie der Gottesbegegnung des Mose am brennenden Dornbusch und des Elia am Berg Horeb. Unter diesem Aspekt dürfen wir auch das Ereignis vor dem Kreuz in San Damiano sehen, als Franziskus die Stimme

Jesu hörte. Ebenso gehört dazu das schon erwähnte Mémorial des Philosophen Blaise Pascal, von dem der niederländische geistliche Schriftsteller Humb Oosterhuize sagt: »Dieses Zeugnis enthüllt einen Menschen, dessen Universum erschüttert und umgewendet wird und der wiedergeboren wird und aufs neue sprechen lernt: ,Gott Abrahams, Gott Isaaks, Gott Jakobs, nicht der Gott der Philosophen und der Gelehrten'.«[33]

Die Hinweise auf die wilden Tiere bei Markus (Mk 1,13) und auf das Fasten bei Matthäus und Lukas, ebenso die Versuchungsgeschichten (vgl. Mt 4,1–11; Lk 4,1–13) bestätigen, daß sich Jesus in einem äußerst intensiven Läuterungs- und Klärungsprozeß befand. Er wurde mit den dunklen Seiten seines Menschseins ebenso konfrontiert wie mit den hellen, die durch den offenen Himmel und die Engel ausgedrückt sind. (Vgl. Mk 1,12) Das Fasten wird deshalb erwähnt, weil es bei Entscheidungsfindungen gerade im spirituellen Bereich üblich war und auch äußerst hilfreich ist. Man denke daran, daß Paulus und Barnabas nach dem Fasten von der Gemeinde in Antiochien zur Mission ausgesandt wurden. (Vgl. Apg 13,1–3) In den Wandlungs- (»Bekehrungs-«)geschichten großer Gestalten der Kirchengeschichte, etwa der des hl. Franziskus oder des hl. Ignatius, lassen sich Parallelen zum plötzlichen Einbruch des Göttlichen, zu den inneren Kämpfen und zum endgültigen Neuwerden finden. Die zweite Stufe, die Erleuchtung, ist erst in jüngster Zeit über die östliche Meditation wieder in das Bewußtsein gerückt. Der

»Erleuchtete« hat eine unmittelbare Verbindung zur transzendenten Quelle seines Wesens, zu seinem Selbst; deshalb vermittelt er Kraft und Ausstrahlung und eine neue, überlegene Sicht der Wirklichkeit. Er steht über allen politischen oder weltanschaulichen Richtungen. Dürckheim spricht von solchen, die »durch« sind. Ihr Kennzeichen ist *Mündigkeit,* d. h. emotionale und geistige Autonomie; weiterhin: Freiheit von Angst vor Sinnlosigkeit, vor Einsamkeit und vor dem Tod. Das überweltliche Leben, das durch sie hindurchbricht, bedeutet Fülle des Daseins und universale Liebe. Es ist die volle Bejahung allen Lebens und aller Menschen, ganz gleich welchem Stand und welchem Volk sie angehören.[34]

Jesus: Der Erleuchtete

Dazu bietet sich gerade jene Stelle an, die gewöhnlich als »die Verklärung Jesu« bezeichnet wird und von der alle drei Synoptiker berichten. (Vgl. Mt 17,1–9; Mk 9,2–10; Lk 9,28–36) »Nach sechs Tagen nahm Jesus Petrus, Jakobus und dessen Bruder Johannes mit sich und führte sie abseits auf einen hohen Berg. Da wurde er vor ihnen verwandelt; sein Angesicht leuchtete wie die Sonne, seine Kleider aber wurden leuchtend hell wie das Licht!« (Mt 17,1–2) Das Verwandeltwerden und das Leuchten lenkt den Blick auf die *innere Dimension* der Gestalt und Botschaft Jesu. Deutlicher kann nicht sichtbar werden, was es heißt, daß das Reich Gottes in Jesus gekommen ist. Wie sehr ihm das Thema der Erleuchtung nahe war, zeigt auch das Wort vom Endgericht: »Dann werden die Gerechten leuchten wie die Sonne im Reich des Vaters.« (Mt 13,43). Ebenso gehört die Aussage hierher, daß seine Jünger das Licht der Welt sind und das angezündete Licht, das auf den Leuchter gehört. (Vgl. Mt 5,14f) Das »Leuchten aus eigener Kraft« ist eigentlich ein Synonym für Autonomie und Souveränität gegenüber der Tradition und den Herrschenden der Zeit, eine für Jesus zentrale Eigenschaft. Damit ist auch die überströmende Liebe zu den Verachteten und Ausgestoßenen verbunden, und zu jedem Menschen, der die Begegnung sucht.

Das Thema der Erleuchtung ist auch der Schlüssel für viele Aussagen Jesu, die uns als paradox oder als Überforderung erscheinen. Von den Kennzeichen, die Dürckheim für die Erleuchtung anführt, finden wir einen Zugang zum Verständnis der Bergpredigt. Wesentlich ist, daß ein Erleuchteter über den Emotionen steht. Hier ergibt sich eine unmittelbare Nähe zu der von Jesus geforderten Feindesliebe. »Ich aber sage euch: Liebet eure Feinde und betet für eure Verfolger, damit ihr Kinder eures Vaters im Himmel werdet: Er heißt seine Sonne aufgehen über Böse und Gute und läßt regnen über Gerechte und Ungerechte.« (Mt 5,44ff)

Die Feindesliebe verlangt eine Position über den Gegensätzen, über Sympathie und Antipathie. Sie ist nur für den möglich, der nicht mehr aus dem emotionalen, sondern aus dem noch stärkeren geistigen Erlebnisgrund seine unmittelbaren Impulse empfängt.

Andere Hinweise seien nur kurz angedeutet: Wer so radikal von der Sorglosigkeit spricht (vgl. Mt 6,25–34), muß in sich die absolute Fülle getragen haben. Und wer in einer einzigen Wiesenblume mehr Schönheit sieht als in einem orientalischen Märchenschloß (die Pracht Salomos), muß das große Satori, d. h. die Erleuchtung gehabt haben, würde ein fernöstlicher Weiser sagen; so deutet es der Zenmeister Daisetz Suzuki an.[35]

Betrachten wir den weiteren Innenweg Jesu: Jesus sieht den Inhalt seines Auftrags zunächst im Verkünden des angebrochenen Gottesreiches, im Heilen der Kranken, der Blinden und Lahmen, in der Austreibung der Dämonen (vgl. Mt 11,5), also durchaus in einem äußerlich wahrnehmbaren Bereich, dann aber in einem inneren Durchgang, in der Taufe, mit der er getauft werden muß, womit er seinen Tod meint (vgl. Lk 12,50). Jesus sucht nicht absichtlich das Leiden, vielmehr leitet ihn die Treue zu seiner inneren Stimme, zum »Willen des Vaters«. Das Hören auf den Vater ist gleichbedeutend mit der Einheit mit sich selbst und Gott, wodurch Jesus die vordergründige und hohle Sicherheit einer Institution bedroht und die tödliche Konfrontation heraufbeschwört. Leiden und Tod gehören deshalb aus innerer Konsequenz zum Innenweg Jesu.

Der Einweihungsweg der Jünger:
Kein theologisches Seminar

Die Schulung der Apostel war anders als ein *theologisches Seminar*, in dem es auf die gedankliche Erfassung des Gesagten ankommt, auch anders als bei einer Rabbinerschule, bei der auf das wortwörtliche Wiederholen der größte Wert gelegt wurde. Was gewöhnlich als »*Unterweisung der Jünger*« bezeichnet wird, läßt sich eher beschreiben als ein Verständlichmachen dessen, wer Jesus ist und was er tut. Das Entscheidende ist die Dynamik, die in den Jüngern *geweckt* wird. Als sie Jesus begegnen, beginnt für sie ein neues Leben. Jesus muß eine Atmosphäre ausgestrahlt haben, die geprägt war von einer übergroßen Kraft und Überlegenheit, vom Heiligen und von einer überragenden Güte. Die Hoffnung, daß sich etwas Großes in der Zukunft ereignen wird, wurde zur Gewißheit. (Vgl. Lk 9,1–2)

Die Unterweisung läuft weniger auf einer intellektuellen Ebene ab als auf einer emotionalen und spirituellen. Die Nähe zu ihm bewirkt, daß sie an seiner Innenerfahrung teilnehmen, und somit ist es der *innere Weg*, der ihnen *eröffnet* wird. Sie kommen aus dem Staunen nicht mehr heraus, nachdem sie sich auf ihn eingelassen haben. Die Einstiegserlebnisse bewirken, daß sie alles verlassen, vor allem aber daß sie sich von ihrem bisherigen Denkhintergrund lossagen. Die Übertragung der Vollmacht, zu predigen, zu heilen und Dämonen auszutreiben, ist mehr als eine äußere rechtliche

Bevollmächtigung durch eine Autorität, auch mehr als eine liturgisch rituelle Weihe wie die heutige Priesterweihe. Vielmehr fließt die Kraft Jesu über und zwar so, daß ihre ureigenste spirituelle Lebendigkeit geweckt wird. Sie finden Anschluß an die *große Kraft,* die nach dem Tod Jesu die »Kraft aus der Höhe« (Lk 24,49) genannt wird. Ihr Auftreten als Verkünder und Heiler ist mehr als eine äußere Berufung auf den Namen Jesus, die Kraft Jesu wirkt durch sie hindurch. In diesem Sinne ist die »Unterweisung der Jünger« ein *Öffnen und Hinführen,* eine Wandlung, ein Einweihungsweg; es wurde daraus eine Erlebens- und Schicksalsgemeinschaft mit Jesus über den Tod hinaus. Aufschlußreich ist auch die Auswahl der Apostel. (Vgl. Mt 10,1–15, Mk 3,13–19, Lk 6,13–16) Das vorausgehende Gebet darf man auch verstehen als *Schärfung der Wahrnehmungsfähigkeit* im Bereich des Spirituellen. Für Jesus stellte sich die Frage: Wer ist fähig, sich für den Erfahrungsbereich, in dem er lebt, zu öffnen? Wo ist die *Resonanz* für das, was in ihm ist, die *Empfänglichkeit* für die Tiefe des Religiösen, wie sie Jesus hat? In der Geschichte von Castaneda und Don Juan heißt es, daß der alte Indianer bei der ersten Begegnung mit seinem Schüler dessen Aufnahmefähigkeit für die transzendente Wirklichkeit spürt und ihn deshalb als Schüler annimmt.[36]

Hier wird auf eine wichtige Seite der Esoterik verwiesen: *die Empfänglichkeit für tiefere außergewöhnliche Wahrnehmungen.* Die Ergebnisse des Einweihungsweges, die Fortschritte der Entwicklung werden von Jesus als kostbarer Schatz und als innerer Reichtum bezeichnet: »Denn wer hat, dem wird gegeben, daß er die Fülle habe, wer aber nicht hat, von dem wird auch genommen, was er hat. Darum rede ich zu ihnen in Gleichnissen.« (Mt 13,12) Man denke auch an die kostbare Perle und den Schatz im Acker. (Vgl. Mt, 13,43)

Andererseits wird das Bild des Wachstums verwendet. »Das Himmelreich ist gleich einem Senfkorn, das einer nahm und auf seinen Acker säte.« (Mt, 13,31)

Innen und außen: Die alten Grenzen aufheben

Die Gleichnisse Jesu können nur erfunden worden sein von einem, der Erfahrungen des inneren Wachstums gemacht hat und von solchen verstanden werden, die es erlebend nachvollziehen können, d. h. denen es ähnlich ergangen ist wie dem Erzähler. Wem innere Entwicklung fremd ist, der tut sich mit den Worten Jesu schwer. Der Kreis von Jüngern aber, der sich mit Jesus auf den Weg macht, kann darin unmittelbar sich selbst wiedererkennen. Deshalb muß sich notgedrungen eine Trennung ergeben zwischen denen, die *draußen* sind, die zum ersten Mal etwas hören, sich aber nicht weiter darauf einlassen, wo sich das *Innere* gar nicht bewegt, das *exoterische* Publikum und denen, die *drinnen* sind, der *esoterische* Kreis. »Und als er allein war, befragten ihn seine Begleiter um die Gleichnisse. Und er sagte ihnen: »Euch ist das Geheimnis des Gottesreiches gegeben; denen aber, die draußen sind, wird alles in Gleichnissen zuteil, auf daß sie hinsehen und doch nicht sehen, hinhören und doch nicht verstehen und sich nicht bekehren und nicht Vergebung finden.« (Mk 4,10–12)

Ohne Zweifel beschreibt Jesus damit einen Trennungsstrich zwischen denen, die im Bereich des Glaubens stehen und denen, die keinen Zugang dazu haben. Wobei man hinzufügen muß, daß die sogenannten »Außenstehenden« durchaus innerhalb der damaligen jüdischen Religion waren und sogar die führenden Positionen einnahmen. Es ist sehr aufschlußreich, die Überlegungen von Dürckheim zum Thema »Innen und Außen« mit heranzuziehen. Der bekannte, inzwischen verstorbene spirituelle Meister sieht in den Grenzziehungen der Religionen und Konfessionen, ebenso zwischen Atheisten und Theisten falsche Fronten. Die eigentliche Trennlinie verlaufe heute zwischen denen, die eine Seinserfahrung kennen und denen, die eine solche nicht gemacht haben, ganz gleich ob sie nun offiziell einer Religion angehören oder nicht. Auf der einen Seite, d. h. im Inneren, stehen dann die, die zum lebendigen, schöpferischen, verbindenden und einenden Urgrund durchgestoßen sind, mit ihm *Fühlung haben und daraus leben*; auf der anderen Seite sind jene, denen die Berührung mit der Tiefe des Seins verschlossen ist, die Oberflächlichen, für die Religion ohnehin überflüssig ist, aber auch die, die an Gott glauben, jedoch an einen, der vom Menschen und von allem, was Menschsein ausmacht, weit entfernt ist, der vielleicht auch nur in gelehrten und abgezirkelten theologischen Formeln existiert. Dürckheim will sagen, daß die Begegnung in der Tiefe des Seins der eigentliche Sinn dessen ist, was man Religion nennt, und daß dies die äußeren Grenzen aufhebt. Mit anderen Worten: Es geht nicht darum, daß Gott bewiesen oder geleugnet wird, sondern daß das, was wir Gott nennen, mit einem neuen, erfahrbaren Inhalt gefüllt wird. Vieles spricht dafür, daß Jesus und die Bewegung, die er ausgelöst hat, sich auf dieser Linie befinden. Er fand die Brücke zu den Ausgestoßenen des eigenen Volkes, aber auch zu den Samaritern und Heiden. Aufschlußreich ist das Gespräch Jesu mit der Samariterin. (Vgl. Joh 4,7–30) Die Überwindung der durch die Geschichte gezogenen Grenzen geschieht durch die unmittelbare religiöse Tiefenerfahrung. Die sie haben – es sind die wahren Anbeter – werden Gott weder in Jerusalem noch auf dem Berg, sondern im Geist und in der Wahrheit anbeten. (Vgl. Joh 4,19–24)

Bitteres in Süßes verwandeln

Das Wort »anbeten« ist im Zeitalter der kritischen Intelligenz, der Meditation und der neureligiösen Bewegungen ein Fremdwort geworden. Ebenso hat es in der Theologie nicht den Raum, der ihm zustünde. Es scheint ein Akt zu sein, der überflüssig geworden ist. Da hört man schon Stimmen, die sagen: »Es bringt mir nichts!« »Notwendiger wäre, sich für die Armen und Benachteiligten einzusetzen.« »Was muß das für ein Gott sein, der unsere Anbetung braucht!«

Wer es verstanden hat, wird anders reden.

Anbetung heißt: Ich komme zur Ruhe. Ich spüre mich selbst und weiß mich von einem tragenden Grund und Gegenüber aufgehoben. Ich erkenne, daß ich mich einem Größeren, als der ich bin, verdanke. Deshalb kann ich geschehen lassen und meine Ängste loslassen. Es entsteht ein Raum der Zweckfreiheit, wo sich die Gefühle erholen, wo Sammlung und Neuorientierung geschieht. Wer zur Anbetung in Wahrheit findet, wird anders. Er tritt in den Bereich des Verstehens ein, in dem die Worte des Johannesevangeliums gesprochen wurden.

In der Frühzeit des Christentums war es der Prozeß der Bekehrung und Taufe. Wer ihn vollzog, wurde eingetaucht in den Denk- und Erlebnishorizont Jesu, in die Atmosphäre, die er ausstrahlte. In den alten Schriften heißt es: »Sie wurden getauft (eingetaucht) auf den Namen des Herrn Jesus.« (Apg 2,38; 8,12) Es brachen neue Impulse, neue Motivationen und eine neue Art zu denken auf. Die Stimmung der frühen Christen ist Dankbarkeit für das Geschenk einer neuen Lebensorientierung in Zuversicht und Gewißheit. Die Perikope von der Sünderin, die in der Nähe Jesu vor Glück weint (Lk 7,36–50), gibt davon etwas wieder.

122

In allen Jahrhunderten gab es Aufbrüche, in denen die Glut des Urchristentums neu entfacht wurde. Einer, der bis heute Menschen beeindruckt, ist der des hl. Franziskus von Assisi.

In seiner Geschichte können wir am ehesten nachvollziehen, was eintauchen in den Erlebnisgrund Jesu bedeutet. Hören wir ihn selbst:

»Der Herr verlieh mir, Bruder Franz, den Anfang des neuen Weges auf folgende Weise: Als ich in Sünden lebte, kam es mir sehr bitter an, Aussätzige zu sehen. Aber der Herr selbst führte mich unter sie, und ich erwies ihnen Barmherzigkeit. Als ich von ihnen ging, ward mir dasjenige, was mir vorher bitter vorgekommen war, in Süßigkeit für den Geschmack des Leibes und der Seele verwandelt. Nachher zögerte ich noch ein wenig, dann verließ ich die Welt.«[37]

Daß Bitteres sich in Süßes verwandelt, ist die geheime Sehnsucht Ungezählter. Sie suchen Erfüllung dieses Wunsches in esoterischen Angeboten und anderswo. Beim hl. Franziskus und vielen anderen ist tatsächlich dieses Wunder geschehen. Es ist die Verheißung für alle, die wie er bereit sind, sich dem Anruf des Innern zu stellen.

Schluß: *Unvermischt und ungetrennt*

Die verwirrende Fülle von esoterischen, pseudo-religiösen und echten spirituellen Angeboten macht den Durchblick schwierig und man sucht verzweifelt nach Kriterien der Beurteilung. Die Tiefenpsychologie kann einen Schritt weiterhelfen, sie verweist aber auch auf die alte christliche Tradition der Unterscheidung von Menschlichem und Göttlichem, von Heiligem und Profanem.

In den ersten Jahrhunderten des Christentums hat man um diese Klarheit gerungen. Das Ergebnis war die Formel des Konzils von Chalzedon (451 n. Chr.). Sie lautet: *Die göttliche und menschliche Natur sind in Jesus unvermischt und ungetrennt.* Aus tiefenpsychologischer Sicht würde man die göttliche Natur in Jesus als das Selbst bezeichnen, die menschliche als das Ich. Damit sagt das Konzil nach tiefenpsychologischer Lesart: Jesus hat sein Ich nicht mit dem Selbst verwechselt, er ist nicht einer Inflation zum Opfer gefallen. Daß die Gefahr tatsächlich für Jesus bestand, zeigen die Versuchungsgeschichten. Die drei Evangelisten Matthäus, Markus und Lukas berichten, Jesus sei in der Wüste vom Teufel versucht worden. (Vgl. Mt 4,1–11; MK 1,12; Lk 4,1–13) Der Satan will ihn dazu verleiten, die

Wunderkraft für eigene Bedürfnisse zu verwenden, sich auf leichte Weise Anhänger zu verschaffen und die Welt zu beherrschen, d. h. das Religiöse und die spirituelle Berufung mit der Macht zu verbinden; eine Verlockung, der seine Jünger im Laufe der Geschichte immer wieder erliegen.

Die Formel »unvermischt und ungetrennt« könnte eine Lösung der geistigen Auseinandersetzung unserer Zeit sein. Die dem naturwissenschaftlichen Denken Verhafteten haben fein säuberlich Intellekt vom Gefühl, Wissen und Macht von menschlichen Werten getrennt. Die Folge ist eine seelenlose und erstarrte Welt.

Als Gegenreaktion überflutet nun die Dynamik des Irrationalen, der Esoterik den geistigen Raum. Ihr Kennzeichen ist, daß sie alles »vermischt«, d. h. verwechselt und vertauscht. Sie bringt zwar Bewegung und Lebendigkeit, kann viele faszinieren und in ihren Bann ziehen, aber sie schafft auch Chaos, entläßt die Menschen verwirrt und enttäuscht. Deshalb gilt es, die Balance zu finden zwischen dem, was aus dem Reich des Irrationalen – mythologisch gesprochen aus der Unterwelt – aufsteigt und dem, was uns der kritische Verstand sagt. Wir dürfen uns einerseits nicht den Reichtum und die Kraft der emotionalen und spirituellen Erfahrung abschneiden, wir brauchen aber auch eine klarsichtige Unterscheidung, was von den inneren Impulsen und Bildern für uns richtig ist.

Nicht indem wir ungewohnte Impulse des geistigen Lebens abwehren und verdrängen, sondern indem wir darin die Keime einer tiefgreifenden

Wandlung erkennen und sie uns zu eigen machen, werden wir den Herausforderungen unserer Zeit die nötige Antwort geben.

Anmerkungen

[1] Goethe, Faust I, Z. 4160.

[2] Vgl. Bernhard Grom SJ, Faszination Esoterik, in: Stimmen der Zeit 3, 2000.

[3] Gruber Elmar und Fassberg Susan, New Age Wörterbuch, Freiburg 1986, Art. Esoterik.

[4] Gerhard Schmidtchen, Sekten und Psychokulturen, Reichweite und Attraktivität von Jugendreligionen in der Bundesrepublik Deutschland, Freiburg i. Br. 1987, 65f.

[5] Connection, Lebenskunst, Vision, Bewußtsein, 2/2000, 16. Jg., 5f.

[6] Eugen Biser, Glaubensverständnis, Freiburg 1975, 132.

[7] Carlos Castaneda, Reise nach Ixtlan, Die Lehre des Don Juan, Ffm 1975, 38.

[8] Thomas von Celano, zit. in: Otto Karrer, Legenden und Laude, Zürich 1975, 95.

[9] Vgl. Schwarzer Hirsch, Ich rufe mein Volk, Bornheim 1982, 253.

[10] Nikolaus von Kues, Aller Dinge Einheit ist Gott, Zürich – Einsiedeln – Köln 1984, 105.

[11] Wird »Schwarzer Hirsch« zugeschrieben. Vgl. dazu Schwarzer Hirsch, »Ich rufe mein Volk«, und »Die Heilige Pfeife«, Bornheim 1982.

[12] Tabula Smaragdina, zit in: Jörg Wichmann, Die Renaissance der Esoterik, Stuttgart 1991, 166.

[13] Thorwald Detlefsen, Schicksal als Chance, München 1989, 86f.

[14] Blaise Pascal, Mémorial, zit. n. Huub Osterhuise, Im Vorübergehen, Freiburg 1969, 18.

[15] Eckhard Göbel, Gott finden am Ende der Welt in: connection 2/2000, 16. Jg., 57ff.

[16] Hugo Stamm, Achtung Esoterik. Zwischen Spiritualität und Verführung, Pendo-Verlag Zürich/München 2000.

[17] Am Eingang der Abteikirche in Niederaltaich, vgl. dazu Gerhard Voss, Astrologie – christlich, Regensburg 1996.

[18] Vgl. Anmerkung zu Mt 2,1 in: Neues Testament, übersetzt und erklärt von Otto Karrer, München 1959, 27.

[19] Lame Deer in: Freundschaft mit der Erde, Der indianische Weg, hg. von Käthe Recheis und Georg Bydlinski, Wien 1985, 19.

[20] Alexander Foitzick, Sehnsuchtsziel »Neuer Mensch« in: Herder Korrespondenz 53 (1999) 9, 433.

[21] Viktor Schurr, Artikel: Seelsorge (katholisch) in: Lexikon für Theologie und Kirche 1961, Bd. 9, 579.

[22] New-Age-Wörterbuch, Artikel: Neuer Mensch.

[23] Der Effeta-Ritus während der Tauffeier, der nach der Überreichung des Lichts eingefügt werden kann, besteht darin, daß der Zelebrant (Priester oder Diakon) Ohren und Mund des Kindes berührt und um Öffnung von Ohren und Mund zum Hören und Bekennen des Wortes Gottes betet.

[24] Vgl. Gustav Bardy, Menschen werden Christen, Das Drama der Bekehrung in den ersten Jahrhunderten hg. V. Josef Blanck, Freiburg 1988, 223ff.

[25] New-Age-Wörterbuch, Artikel: Buddhismus.

[26] Eugen Herrigel, Zen in der Kunst des Bogenschießens, München 1983.

[27] Holotropes Atmen ist eine künstlich herbeigeführte Hyperventilation (gesteigerte Atmungstätigkeit), die zu einem Calciummangel führt. Damit wird eine Übererregtheit der Nerven verursacht, die außernormale Bewußtseinszustände einschließt.

[28] C. G. Jung GW XI, 313.

[29] C. G. Jung, in: Das Seelenproblem des modernen Menschen (Vortrag in Prag 1928), GW X, 101.

[30] Vgl. Swami Satyananda (Jörg Andrees Elten), Ganz entspannt im Hier und Jetzt, Tagebuch über mein Leben mit Bhagwan in Poona, Hamburg 1980, 50ff.

[31] Ebd. 98.

[32] Vgl. J. B. Metz, Artikel: Esoterik in: Lexikon für Theologie und Kirche, Bd. 3, 1106.

[33] Huub Oosterhuise, Im Vorübergehen, Wien 1969, 18.

[34] Vgl. Karlfried Graf Dürckheim, Überweltliches Leben in der Welt, Der Sinn der Mündigkeit, Weilheim 1968.

[35] Vgl. Daisetz Teitaro Suzuki, über Zen-Buddhismus, in: Zen-Buddhismus und Psychoanalyse, hrsg. von Erich Fromm, Daisetz T. Suzuki und Richard de Martino, Ffm 1979, 10.

[36] Vgl. Carlos Castaneda, Reise nach Ixtlan, Ffm 1976.

[37] Franziskus von Assisi, Legenden und Laude, Das Testament, hrsg. von Otto Karrer, Zürich 1968, 347.

Die Lebenskunst der Klöster

Münsterschwarzacher Kleinschriften

VIER-TÜRME-VERLAG

Vier-Türme GmbH, Verlag
Schweinfurter Straße 40 D-97359 Münsterschwarzach Abtei
Telefon 09324/20-292 Telefax 09324/20-495
Bestellmail: info@vier-tuerme.de
www.vier-tuerme.de

Wunibald Müller

Gönne dich dir selbst

Von der Kunst, sich gut zu sein

Gebunden, 100 Seiten
ISBN 3-87868-274-3

»Gönne dich dir selbst!« fordert Wunibald Müller
alle auf, die über der Sorge um ihre Arbeit und
um andere sich selbst vergessen. Wie finden wir
die richtige Balance zwischen Liebe und Arbeit?
Wie bleiben wir mit unserer Seele in Berührung?
Mit welchen positiven Ritualen können wir
unseren Tagesablauf gestalten?
Dieses Buch lehrt die Kunst, sich selbst gut zu
sein.

Vier-Türme-Verlag
97539 Münsterschwarzach Abtei
Telefon 0 93 24 / 20-292 Telefax 0 93 24 / 20-495
Bestellmail: info@vier-tuerme.de
www.vier-tuerme.de

Anselm Grün

Der Weg durch die Wüste
40 Weisheitssprüche der Wüstenväter

Halbleinen, 104 Seiten
ISBN 3-87868-271-9

Die Sprüche der Wüstenväter handeln von
Dämonen und Engeln, vom Kampf mit den
Leidenschaften und dem Erlangen inneren Frie-
dens, von Schuld, Haß und Liebe.
Anselm Grün legt die in ihnen verborgene Weis-
heit frei: Sie lehren den Weg zu einer
Freiheit des Geistes, ohne die selbstbestimmtes
Leben nicht möglich ist.

Vier-Türme-Verlag
97539 Münsterschwarzach Abtei
Telefon 0 93 24 / 20-292 Telefax 0 93 24 / 20-495
Bestellmail: info@vier-tuerme.de
www.vier-tuerme.de

Anselm Grün

Wenn du Gott erfahren willst, öffne deine Sinne

Halbleinen, 184 Seiten
ISBN 3-87868-159-3

Wie können wir heute Gott erfahren?
»Wenn du Gott erfahren willst,
öffne deine Sinne«, antwortet Anselm Grün.
Wer seine Sinne schärft, für das,
was um ihn geschieht, der erfährt Gott:
»Gott zeigt sich uns und spricht zu uns.
Er läßt sich betasten, schmecken und riechen.«
Ein Buch, das zum Leben auffordert.

Vier-Türme-Verlag
97539 Münsterschwarzach Abtei
Telefon 0 93 24 / 20-292 Telefax 0 93 24 / 20-495
Bestellmail: info@vier-tuerme.de
www.vier-tuerme.de